O CAMINHO DO EMPREENDEDOR

COMO TRANSFORMAR SONHOS EM REALIDADE

EDITORA CHAVE MESTRA®

Título original em Português:
O caminho do empreendedor – Como transformar sonhos em realidade

Direção editorial: Raquel Medeiros
Coordenação de revisão: Bartira Costa Neves
Revisão: Gustavo Oliveira
Assistente editorial: Amanda Oliveira
Diagramação: Daniel Marchesani
Branding de capa: Sergio Macceddo

Dados Internacionais de Catalogação na Publicação (CIP)

Vale, Rogério (Organizador)
V149 O caminho do empreendedor: como transformar sonhos em realidade / Rogério Vale (org.) – Barueri, SP: Chave Mestra Editora, 2023.
248 p. : 16 x 23 cm

ISBN 978-65-84979-64-2

1. Negócios. 2. Finanças. 3. Desenvolvimento pessoal. 4. Riqueza. 5. Sucesso nos negócios. 6. Finanças pessoais. I. Título.

CDD 158.1

EDITORA
CHAVE MESTRA®

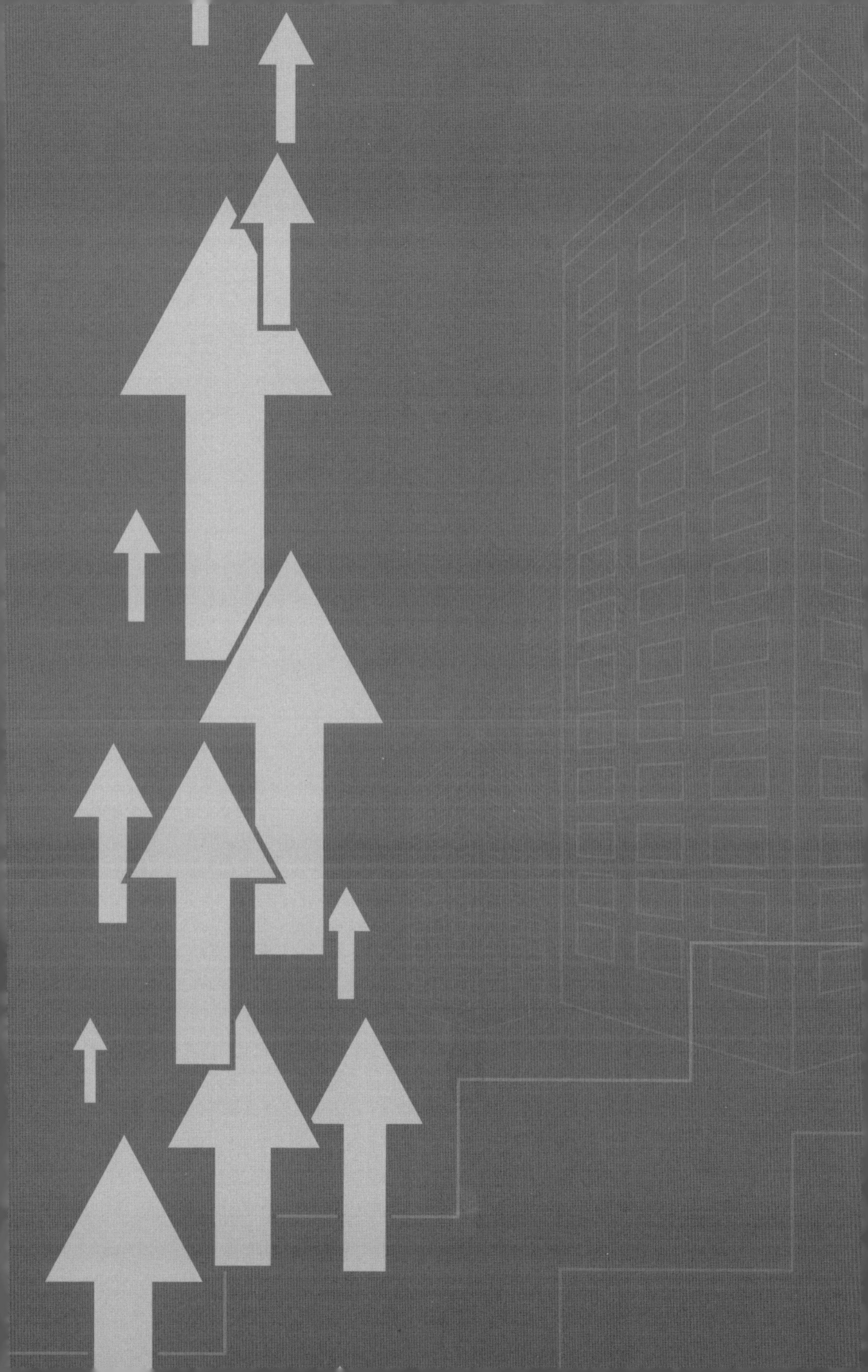

SUMÁRIO

PREFÁCIO

É com grande satisfação que apresento o livro **O Caminho do Empreendedor - Como Transformar Sonhos em Realidade**, uma obra que certamente marcará a trajetória de empreendedores em busca de realizações concretas. Como *publisher* da Editora Chave Mestra e responsável por esta publicação, sinto-me honrado em fazer parte desta jornada ao lado de coautores que dedicaram esforços, conhecimentos e experiências para oferecerem uma obra tão valiosa.

O universo do empreendedorismo é desafiador, mas é também inspirador e repleto de possibilidades. Os coautores desta obra compreendem profundamente as dificuldades enfrentadas por aqueles que decidem trilhar esse caminho, mas, acima de tudo, eles acreditam no potencial transformador do empreendedorismo e nas oportunidades que ele oferece para realizar sonhos.

É com entusiasmo que compartilho esta obra com o mundo, acreditando que ela impactará positivamente a vida de muitos leitores, guiando-os em direção ao sucesso e à realização de seus projetos empreendedores. Aproveitem cada palavra, cada conselho e cada experiência compartilhada pelos coautores, pois certamente eles levarão você a novas e emocionantes conquistas.

Que esta jornada literária seja o ponto de partida para uma jornada real de sucesso, prosperidade e superação. Parabenizo e agradeço a todos os coautores que, com dedicação e talento, contribuíram para tornar este livro uma fonte de conhecimento e motivação para todos aqueles que sonham em fazer a diferença no mundo empreendedor.

(Rogério Vale – CEO da Editora Chave Mestra)

Adriana Morais

Sou Adriana Morais, natural de Barreiras, cidade do oeste da Bahia. Filha mais velha de cinco irmãos, resido com minha mãe, Dona Zinha, e minha filha, Mariana, que é um milagre em minha vida, o mais precioso presente que Deus me deu. Há mais de 20 anos, atuo no apoio às micros e pequenas empresas, e me sinto realizada inspirando empreendedores em sua jornada de negócios com foco no empreendedorismo, inovação, gestão de pessoas e sustentabilidade.

Gosto de contribuir com o desenvolvimento das pessoas, especialmente quanto à educação, por acreditar que ela é o caminho para a transformação do mundo em um lugar melhor, bem como com o empreendedorismo feminino, pela potencialidade das mulheres e pelo espaço que nós ainda precisamos trilhar em busca da diversidade.

adrianamorais_oficial

+55 (77) 99979-1975

Adriana Morais Silva

MANTENHA-SE ATUALIZADO: POR DENTRO DAS TENDÊNCIAS DO MERCADO

01

Por Adriana Morais

O mundo dos negócios vem passando por diversas transformações, com mudanças significativas no comportamento do consumidor que requerem agilidade do empreendedor para acompanhar as tendências e se antecipar com relação às novidades no cenário local, regional e mundial, para que seu negócio seja competitivo, relevante e sustentável.

Quando utilizamos o termo "tendência", podemos nos referir a uma situação, comportamento, predisposição e evolução, sendo muito comum a sua utilização no mundo da moda. É preciso saber diferenciar também o que é tendência e o que é uma onda. Atualmente, vivemos ondas como situações que explodem na mídia, uma preferência momentânea por cores, sabores, ritmo musical etc. Já uma tendência é algo com uma duração maior. Por exemplo, após a pandemia da Covid-19, o trabalho *home office* e híbrido se tornaram frequentes, e a tendência é que essas modalidades permaneçam em vigor por um longo período.

Em decorrência de toda a situação vivida nos últimos anos, as pessoas têm buscado valorizar o natural, o bem-estar e a vida em família, o que demanda serviços de lazer, especialmente para a faixa etária da melhor idade. Outra tendência é o uso minímo de papel moeda, que vinha sendo substituído pelos cartões de débito e crédito, e estes agora estão perderdendo a preferência para o Pix.

E, para o seu ramo de negócio, qual é a tendência? Você está ouvindo o seu cliente ou apenas está antenado com os sinais do mercado? Neste capítulo, vamos falar sobre estratégias e ferramentas, além de oferecer dicas para você e sua empresa estarem conectados e atualizados com as novidades relacionadas ao seu nicho de negócio.

Mais do que acompanhar as tendências virais mercadológicas, seja uma referência no seu próprio segmento.

Planejamento

Ao iniciar uma jornada empreendedora, o estudo e o planejamento são fundamentais. Para tudo o que vamos fazer, seja em nossa vida pessoal, profissional ou empreendedora, o início deve ser definindo um objetivo, seguido por metas e indicadores para acompanhar nossa evolução ao longo do processo.

O que isso tem a ver com o título deste capítulo? Tudo. Sem planejamento, como focar no que é relevante para o seu mercado? Como ficar por dentro do que interessa ao seu segmento e ao seu cliente? Como filtrar a infinidade de informações com a qual somos bombardeados no dia a dia? O planejamento é algo dinâmico e flexível, em que cabem revisões periódicas para aproveitar da melhor maneira possível as oportunidades ou para aprender com dificuldades que venham a surgir pelo caminho.

Priorize um momento no seu planejamento para pesquisas e análise do mercado. Esteja atento às necessidades do seu cliente e às iniciativas dos seus concorrentes. Se você está antenado com oportunidades e roteiros de possíveis trilhas a seguir, é mais fácil fazer as mudanças na hora certa e no menor tempo possível, para aproveitar o momento certo de agir. Para isso, duas ferramentas importantíssimas para apoiar o empreendedor no planejamento são: o plano de negócios e o Canvas.

Capacitações

Definida a sua rota de vôo, esteja sempre atualizado por meio de capacitação pessoal e do seu time. Diversas instituições oferecem uma infinidade de cursos on-line, presenciais, híbridos e imersões, muitos deles de forma gratuita. Para acompanhar as tendências, estude muito e sempre. A leitura também é uma forma de capacitação. Leia e incentive o hábito entre seus colaboradores.

No mundo complexo e de rápidas transformações, estar atualizado e preparado com as melhores informações, conhecimentos e habilidades faz uma enorme diferença. Dentre as capacitações que me proporcionaram um enorme ganho de autoconhecimento e me fizeram descobrir meus pontos fortes e as oportunidades de melhoria, destaco o Empretec, que é uma metodologia da ONU (Organização das Nações Unidas), aplicada no Brasil pelo Sebrae (Serviço Brasileiro de Apoio às Micro e Pequenas Empresas).

Viagens

Reserve uma parte do seu tempo e do seu dinheiro para investir em viagens. Existem no Brasil grandes eventos, como feiras e exposições, que trazem novidades sobre uma infinidade de segmentos. É muito importante que você saia do seu mundo e explore as possibilidades.

Durante uma viagem para um evento, por exemplo, aproveite para fazer *networking*, viver novas experiências, visitar empresas que atuam no mesmo ramo que o seu e esteja aberto para enxergar novidades que possam ser implementadas no seu negócio. Destaco a Feira do Empreendedor, promovida pelo Sebrae, cuja edição de São Paulo é considerada o maior evento de empreendedorismo do mundo.

Parceria

Ninguém chega ao sucesso sozinho. Parceria é um dos maiores segredos dos empresários de sucesso. Busque instituições de apoio, associe-se a entidades de representação empresarial do seu segmento ou classe e tenha um olhar estratégico para os seus concorrentes. Eles também podem ser parceiros em diversas iniciativas e, juntos, vocês podem fortalecer o seu segmento de atuação, especialmente se você tem um pequeno negócio e precisa se destacar no mercado.

Uma estratégia de muito sucesso nos dias atuais são as *collabs*, parcerias criadas por duas ou mais pessoas e/ou empresas para alçarem um objetivo em comum, dentre eles: mais vendas, redução dos custos, maior visibilidade da marca etc. Por exemplo, unem-se lojas de roupas, calçados e *drinks* para oferecer uma nova experiência ao cliente, numa data determinada, em que todos colaboram para o resultado do evento.

Não é por acaso que surgem grandes redes no Brasil. Ao se unirem, pequenos negócios ficam mais fortes, ganham escala para obter melhores condições de negociação e poder de barganha. Destacam-se não só as redes de negócios, como também redes de apoio, como: Grupo Mulheres do Brasil, Mulheres do Agro, dentre outras.

O surgimento dos consórcios públicos e das parcerias público-privadas, para solucionarem problemas comuns de um território ou região, são indicativos de que a gestão pública também está atenta a esse movimento.

Agenda 2030 e ESG (Environmental, Social and Governance)

Uma das grandes transformações no comportamento do consumidor tem sido no sentido de fazer escolhas mais conscientes quanto à sustentabilidade da vida e do planeta. Nos segmentos de alimentação e saúde, percebe-se que produtos orgânicos têm sido os carros-chefes na preferência de boa parte da população, preocupada em manter uma rotina saudável e mais equilibrada.

No ambiente empresarial, vem ganhando importância e mais espaço de debate a agenda dos ODS (Objetivos do Desenvolvimento Sustentável), criada pela ONU, que estabeleceu 17 desafios a serem observados pelas pessoas e organizações visando uma sustentabilidade econômica, social e ambiental.

Dentre os ODS, destacamos o nº 12 (Consumo e Produção Sustentáveis), que requer atitudes de pessoas e instituições quanto às práticas de economia circular, produção orgânica, redução da perda de alimentos dentro da cadeia de produção e abastecimento.

Os produtos artesanais, que valorizam a mão de obra local, também são uma tendência, uma vez que promovem o desenvolvimento local por meio do uso de matérias-primas naturais, aliando produção com preservação ambiental.

De forma complementar, as organizações também precisam estar atentas às práticas de ESG: sustentabilidade ambiental, social e governança corporativa. Em síntese, tanto os ODS quanto as ESG buscam a promoção do desenvolvimento sustentável e a disseminação das boas práticas. Relatos de implementação têm inspirado um número cada vez maior de pessoas, que passam a ser mais exigentes e dão preferências a empresas e instituições que apoiam esse movimento.

Digital

Esteja atento às novidades também no mundo digital. Inteligência artificial, comércio eletrônico, atendimento multicanal, novas tecnologias, influenciadores digitais e mídias sociais são complementares ao mundo físico. Diante dos avanços dos recursos tecnológicos, o cliente, cada vez mais, tem o hábito de pesquisar antes de ir às compras ou contratar um serviço. Assim, é muito importante que o seu negócio, além de ter um endereço fixo, esteja no mundo on-line oferecendo informações, dicas e dialogando com seu público para se antecipar às suas necessidades.

Ao mesmo tempo, o digital também pode ser um dos canais para você buscar inspiração. Leia *blogs* especializados, acompanhe os influenciadores que atuam no seu segmento, faça *lives* com clientes, fornecedores e parceiros. Utilizar as ferramentas que aproximam você do cliente é também uma excelente alternativa de conexão, assim como estar presente e com perfil atualizado no Google Empresas e atender os clientes através do Whatsapp empresarial (*business*).

Inovação

Entender quais são as dores das pessoas e como resolver esses problemas tem sido um grande desafio dos empreendedores. A melhor maneira de conhecer essas dores é observando, perguntando, seja por meio de pesquisas estruturadas com apoio especializado de consultores, seja pela antiga caixinha de sugestões. Cabe avaliar o que mais se adequa à sua realidade e ao seu público.

No Brasil, existem diversas instituições que apoiam os pequenos negócios a se tornarem mais inovadores. Vale a pena buscar os diversos ecossistemas de inovação disseminados pelo país, que atuam em conjunto com os parques tecnológicos, incubadoras, universidades, dentre outras parcerias de fomento. Nesses ambientes, é possível criar protótipos e pivotar/experimentar novos produtos e novos modelos de negócios. Está em alta o uso da inteligência artificial como aliada dos negócios, para redução de custos e melhoria do processos, que ganham mais agilidade, transparência e segurança.

Por fim, cliente satisfeito é a melhor propaganda do seu negócio. Invista em um atendimento humanizado e de qualidade, garantindo a ele uma nova experiência a cada visita a sua empresa e, assim, torne-o promotor da sua marca.

Espero que essas dicas tenham lhe inspirado e que você possa implementar inovações em seu negócio.

"

Mais do que acompanhar as tendências, seja uma referência no seu segmento.

Adriana Morais

Aline Brummett

Sou filha do Deus Todo Poderoso e criada à Sua imagem e semelhança. Sou mulher, sou mãe e sou sogrinha. Sou esposa, sou avó de coração, sou irmã do meio, sou cunhada e amiga. Sou tia dedicada e divertida.

Sou apaixonada por aprender, sou movida pelas possibilidades, sou empreendedora e sou mentora de negócios. Sou sonhadora, sou corajosa, sou curiosa, sou benção e abençoada. Sou natural de Brasília, Distrito Federal, Brasil. Sou residente de Enumclaw, Washington, nos Estados Unidos. Sou proprietária da The Crew Cleaning Services LLC. Sou privilegiada por fazer parte deste livro. Gratidão!

aline.brummett

+1 (425) 260-5607

RESSIGNIFICANDO O IMPACTO DAS CRENÇAS LIMITANTES

02

Por Aline Brummett

Sejam muito bem-vindos! Antes de entrarem em conceitos, exemplos, usando minha própria história, além de explorarem soluções, quero lhes dizer que é uma honra tê-los aqui dedicando tempo a esta leitura. Neste capítulo, exploraremos o poder das crenças limitantes, a ressignificação dessas crenças em nossas vidas e como elas moldam nossa percepção e nosso comportamento.

As crenças são convicções que temos sobre o mundo, nós mesmos e os outros. Elas são construídas ao longo da vida, especialmente durante a infância, adolescência e fase adulta. Durante esses períodos, somos expostos a diversas influências, como nossos pais, familiares, amigos, educadores e a sociedade em geral. Devido a um bloqueio de memória na minha infância, minhas crenças foram completamente distorcidas. À medida que entramos na adolescência, começamos a questionar e a desafiar algumas crenças que formamos e que nos foram transmitidas.

Na minha adolescência, acessei memórias traumáticas da minha infância. Tinha sido abusada sexualmente e emocionalmente. Com minha percepção de adolescente, passei a desenvolver outras crenças e atitudes que desencadearam um comportamento autodestrutivo, sofri mais abusos sexuais, desencadeei distúrbios alimentares e não sabia como pedir ajuda.

No início da fase adulta, não é diferente: geralmente, experimentamos maiores independência e responsabilidade. Isso nos expõe a novos contextos e ideias, o que pode desafiar e moldar nossas crenças já existentes.

As interações com diferentes grupos sociais, o acesso às informações diversas e a experiência pessoal influenciam a formação de nossas crenças nessa fase.

No início da minha fase adulta, saí de casa aos 19 anos de idade, completamente perdida, sem nenhuma convicção pessoal ou profissional, e me mudei para Seattle, estado de Washington, nos Estados Unidos, extremo noroeste do país, bem longe de tudo aquilo que eu vivia, ainda sozinha e sem saber pedir ajuda.

Novas crenças foram desenvolvidas na minha mente. Eu achava que mudar de país seria suficiente para deixar de viver aquela dor secreta, mas não foi bem assim. Retomei um relacionamento da adolescência sem nenhuma orientação, planejamento, compromisso de casamento, sem entender o significado daquilo que estávamos fazendo. Começamos a viver juntos e tivemos uma filha linda, preciosa, uma benção em nossas vidas e o bem mais precioso que compartilhamos hoje. Mas o que não sabíamos era que uma união com crenças distorcidas e feridas ainda abertas seria impossível sobreviver e nos separamos 10 anos depois.

As crenças impactam nossa vida presente e futura de várias maneiras. Elas moldam nossa visão de mundo, influenciam nossos valores, nossas escolhas e até mesmo nossa saúde física, mental e emocional. Elas podem nos fornecer uma sensação de significado e propósito ou limitar nossas possibilidades e restringir nosso crescimento pessoal. É importante lembrar que as crenças não são necessariamente permanentes. Podemos questioná-las, revisá-las e modificá-las ao longo da vida, à medida que adquirimos novas informações e experiências.

Quando falamos ou usamos o termo "crenças limitantes", estamos falando de ideias internalizadas que nos fazem sentir incapazes ou desvalorizados. Quando desenvolvidas em um ambiente traumático e abusivo, como o de violência física, emocional ou sexual, negligência ou manipulação constante, essas crenças podem ter um impacto profundo em nossa vida.

Essas experiências podem minar a autoestima, gerar medo e desconfiança nos outros e criar um senso de impotência. Como mecanismo de defesa, podemos internalizar as mensagens negativas e os comportamentos abusivos, desenvolvendo crenças limitantes sobre nós mesmo e sobre o mundo. Elas moldam a forma como nos vemos e nos relacionamos com os outros.

Crenças limitantes podem levar a comportamentos autodestrutivos, baixa autoestima, dificuldades em estabelecer relacionamentos saudáveis e problemas de saúde mental, como ansiedade, depressão e transtorno de estresse pós-traumático. Podemos nos sentir presos em ciclos de autossabotagem, acreditando que não merecemos felicidade, sucesso ou bem-estar.

Essas crenças limitantes podem continuar a impactar nossas vidas, limitando-nos as oportunidades e nos impedindo de ter o pleno desenvolvimento pessoal e profissional. E ainda podemos nos encontrar repetindo padrões abusivos em nossos relacionamentos, ou evitando situações desafiadoras por medo do fracasso ou da rejeição. Minhas experiências, vividas na infância, na adolescência e no início da fase adulta, desencadearam uma explosão de crenças limitantes, como: não confiar em ninguém, desenvolver um comportamento autossuficiente, uma vida mascarada e suprimida com um segredo de traumas que me consumiam por dentro.

Cheguei ao fundo do poço: mãe solteira, obesa mórbida pesando 140 kg, sem trabalho, vivendo de favor na casa do meu irmão com minha filha. E a única coisa que eu conseguia enxergar através das minhas crenças limitantes era a minha circunstância atual, não tinha nenhuma consciência de que o meu presente havia sido fabricado pelas minhas crenças limitantes, desenvolvido por aquilo a que tinha sido exposta no passado e até aquele momento.

No entanto, é importante destacar que as crenças limitantes podem ser desafiadas e superadas. O processo de cura envolve reconhecer e confrontar as crenças negativas, buscar apoio terapêutico, desenvolver autoconsciência e praticar autocompaixão. Com tempo, esforço e suporte adequado, é possível transformar essas crenças e construir uma vida mais saudável, satisfatória e autêntica.

Ao reconhecermos e questionarmos essas crenças, podemos desenvolver uma mentalidade mais positiva e fortalecedora. A autoconfiança e a crença em nossas habilidades são fatores essenciais para superarmos desafios e alcançarmos o sucesso. Em 2006, entreguei minha vida a Jesus e O reconheci como Senhor e Salvador. Comecei a experimentar uma comunhão com Deus como nunca antes, mas tinha muitos questionamentos e nem para Deus eu sabia pedir ajuda.

Em 2008, retornei ao Brasil com minha filha, voltei para a casa dos meus pais com o propósito de cuidar da minha saúde. O apoio dos meus pais e, em especial, a dedicação da minha mãe em me ajudar a perder peso foram fundamentais. Também busquei um acompanhamento nutricional e, com muito esforço e dedicação, perdi 60 kg em 10 meses. Fiz cirurgias plásticas reparadoras a para remoção de excesso de pele. Na minha mente ainda doente, com crenças ainda distorcidas, cheguei à conclusão de que a transformação externa não era suficiente para superar tudo o que tinha vivido.

Quando falamos em ressignificar crenças limitantes, estamos falando de um processo poderoso, que envolve transformar percepções negativas e autossabotadoras do passado, mencionadas no parágrafo anterior. Existem várias estratégias que podem ser utilizadas nesse processo, entre elas, destaco: o perdão, o autoacolhimento, honrar a própria história e o crescimento pessoal. Ao trabalharmos essas estratégias, podemos colher frutos significativos no presente e no futuro. O perdão desempenha um papel crucial na ressignificação das crenças limitantes, pois, muitas vezes, essas crenças têm origem em experiências passadas dolorosas, traumas, mágoas ou injustiças que sofremos.

Perdoar é um ato de liberar o peso emocional e a negatividade associados a essas experiências. Isso não significa esquecermos ou justificarmos o que aconteceu, mas, sim, escolhermos liberar a energia negativa que nos prende ao passado. Ao perdoarmos os outros e a nós mesmos, abrimos espaço para a cura emocional e para a construção de crenças mais saudáveis e fortalecedoras. O autoacolhimento é outro aspecto fundamental na ressignificação das crenças limitantes, pois envolve aceitar e amar a si mesmo integralmente, reconhecendo tanto as nossas qualidades e conquistas quanto as nossas imperfeições e erros.

Muitas vezes, as crenças limitantes são baseadas em autocríticas severas e na sensação de não ser bom o suficiente. Honrar nossa história e quem nos tornamos é uma parte essencial do processo de ressignificação. Cada experiência vivida, mesmo aquelas dolorosas, contribuiu para a pessoa que somos hoje. Ao honrar nossa história, podemos encontrar significado e propósito em nossas experiências passadas, transformando-as em fontes de empoderamento e sabedoria.

Ao ressignificar essas crenças, abrimos espaço para uma maior confiança em nós mesmo, permitindo-nos explorar novas possibilidades e buscar nossos objetivos com mais determinação. Em 2010, retornei aos Estados Unidos com minha filha e recomeçamos do zero. Cercamo-nos de um sistema de apoio poderoso: família, igreja e amigos queridos. Foi a fundação para uma jornada incrível de ressignificações das minhas crenças.

Em 2021, iniciei de forma mais intensa treinamentos em inteligência emocional, mentorias de negócios para desenvolvimento da minha empresa, formações em diferentes áreas. E sigo nessa jornada. Não é fácil, mas é possível. Minha identidade foi restaurada, o perdão, a cura e a ressignificação de crenças são reais. Hoje, amo e honro minha história e sou grata pelo bem e pelo mal que vivi até aqui.

Concluindo este capítulo, entendemos que, ao explorar o poder das crenças em nossas vidas, aprendemos que as crenças são adquiridas ao longo de nossa jornada e influenciam nossa percepção e nosso comportamento. Identificamos as crenças limitantes e seus impactos negativos, que nos restringem e impedem nosso crescimento. E, principalmente, ao ressignificarmos essas crenças, colhemos frutos valiosos, como autoconfiança e autodesenvolvimento.

Além de beneficiar nossa própria vida, nossa transformação pessoal impacta positivamente aqueles que amamos, fortalece nossa comunidade e contribui para um mundo melhor. Ao desafiarmos nossas crenças limitantes, abrimos espaço para um futuro cheio de potencial e inspiramos outros a fazerem o mesmo. Juntos, podemos criar um impacto poderoso, transformando vidas e promovendo mudanças positivas em todos os âmbitos.

"

As falsas crenças do passado já não têm poder sobre o seu presente e nem determinarão o seu futuro. Creia em um futuro extraordinário e o terá.

Aline Brummett

Alonso Vasconcelos

Sou Alonso Vasconcelos de Farias, nascido em Brasília, Distrito Federal, mas mineiro de coração. Tenho a vida como uma dádiva de Deus para ser levada com alegria e muita intensidade. Sou cristão evangélico participando do ministério da igreja *Unity Church*, em Goianésia, Goiás; casado com Lidiane Munique e pai de 4 filhos, Gustavo (22), Alice (9), Sarah (3) e Débora, que ainda vai chegar.

Iniciei no mundo dos negócios aos 15 anos. Hoje, com 27 anos de experiência, desfruto fazendo algo de espetacular pelo que sou apaixonado: ensinar, treinar, capacitar pessoas, tirá-las da zona de conforto e colocar a produtividade e o resultado como mola mestra. Tenho um objetivo claro e definido, aumentar sabedoria, adquirir conhecimento e levar o aprendizado ao maior número de pessoas, clarificando que Deus é o Salvador e com Ele tudo podemos, inclusive desfrutar de muita prosperidade. Mais sobre isso no meu Instagram.

alonsovasconcelos

COMO DELEGAR TAREFAS PARA OUTRAS PESSOAS

03

Por Alonso Vasconcelos

O início da minha inserção no mundo profissional veio da gigante vontade de desenvolver. Aos 15 anos, comecei a trabalhar com sistemas, de forma básica, cadastrando produtos e gerenciando pequenos processos. O forte posicionamento, mesmo sem nem saber o que significava, fez-me buscar o crescimento constante: sai do gerenciamento de pequenos processos para ser professor de informática, em Brasilândia de Minas, Minas Gerais.

Em pouco tempo, mudei para Brasília e iniciei na ATS Informática, com implantação de sistemas, evoluindo para vendedor, e, aos 21 anos, assumi a gerência com 4 colaboradores e 40 clientes. Aos 24 anos, a empresa estava já com 8 colaboradores e mais de 120 clientes, quando me desliguei e mudei para a Softsystem Tecnologia, como gerente comercial. Gerei inúmeras vendas e negócios explosivos na área de sistemas de gestão.

Mesmo com uma grata ascensão no mundo dos negócios, resolvi empreender e, há 14 anos, gero desenvolvimento para negócios, empresários e colaboradores, levando autoridade profissional e gestão. Depois de entrar em muitos negócios, ver os pequenos ficarem grandes, os grandes ficarem pequenos, casos de sucesso e insucesso, criei autoridade para levantar pontos que pudessem definir o sucesso no mundo empresarial.

Uma empresa é definida por dois pontos: os processos e as pessoas. Se tivermos processos sólidos e organizados, teremos a oportunidade de fazer as entregas pontuais e com qualidade. Com pessoas competentes e dedicadas, teremos uma produtividade alta e eficiente.

A soma de processos e pessoas gera resultados exponenciais, porém temos uma problemática para ser solucionada, a dificuldade em delegar tarefas. Temos alguns pontos que travam isso.

- Confiar em pessoas: entender que todos somos passíveis de erros, que nós erramos para aprender e que pessoas vão errar. Cabe a nós ensinarmos a elas o que aprendemos para que os mesmos erros não aconteçam, mas precisamos colocá-las para fazer.
- Capacitar pessoas antes de delegar algo: pensar ou exigir que pessoas estejam prontas, sem que as avalie ou lhes leve capacitação, pode ser o insucesso do negócio.
- Validar tarefas: os gestores do negócio ficam muito ligados a resolver problemas gerados. Precisamos mudar o foco e controlar o processo com checagens periódicas que validam uma entrega de sucesso.
- Comprovar resultados e executar melhorias: ao se realizar um processo que foi delegado para o time, temos que fechar a produção elevando o sucesso de todos no resultado e propondo pontos para continuidade e otimização, a fim de elevarmos os números de forma contínua.

Hoje o mundo dos negócios é extremamente dinâmico e seletivo, podemos ficar grandes em um curto intervalo de tempo e pequenos ou exclusos em um tempo menor ainda. O que vai definir o seu sucesso é a forma como você delega as tarefas e distribui tudo o que tem que ser feito.

Os resultados que você ainda não tem estão 85% ligados a outras pessoas, ou seja, o time que você tem, as pessoas que se conectam e os ambientes em que estão inseridas vão definir seu alcance. Porém, centralizamos tarefas por não confiarmos em pessoas, entregamos para quem não está preparado, não validamos ou melhoramos nossos processos e vamos colher apenas problemas com isso.

Quando você está em um negócio em que vive apagando incêndios, resolvendo problemas que não consegue resolver ou que foi criado por outros, trava-se o crescimento e os lucros da empresa, tornando-se empresário frustrado que não atinge objetivos e que fica à mercê de o mercado derrubar.

Mas pode ficar calmo, a solução não é complexa e precisa apenas de duas qualidades: constância e disciplina. Lidar com seres humanos é ter a ciência de lidar com problemas diversos, temperamentos e emoções que vão estar diretamente ligados às tarefas que serão colocadas. Para termos sucesso ao delegarmos tarefas, precisamos de passos sólidos, e o início está em selecionarmos pessoas que vão fazer parte do nosso time, seja como contratadas, terceirizadas ou fornecedoras.

Como ferramenta fundamental para delegar tarefas, temos que considerar alguns critérios definidos para colocarmos alguém que nos ajudará no nosso propósito. O primeiro ponto de avaliação é quanto a ética, caráter e honestidade. As empresas ficam muito focadas em formação, experiência e outros aspectos, que não deixam de ser importantes, mas o primordial é avaliar a pessoa que estará conectada com você para depois avaliar o que ela pode fazer. Todos podemos ser treinados e temos o grato dom do desenvolvimento e aprendizado, cada um com seu tempo, porém os valores vêm da criação, da identidade e do posicionamento de cada um, e dificilmente as empresas podem mudar isso.

Após escolher uma pessoa de caráter para me conectar, vou avaliar o quanto é importante ou não ela saber desenvolver as tarefas que tenho, mas, para isso, ela precisa conhecer as tarefas, saber as dificuldades, os pontos de atenção e deve praticar o *job rotation*, que é passar por todos os departamentos e entender todas as tarefas na prática para , assim, ter propriedade sobre os departamentos e tarefas realizadas.

Após conhecer todas as tarefas, será feita a avaliação de qual profissional você precisa, com qual experiência e todos os detalhes do cargo para uma possível inserção na sua empresa. Ter um profissional com ou sem a formação e a experiência para a tarefa é definido pelo tempo e pelo conteúdo que você ou seu time têm para ensinar a essa pessoa, sabendo que os profissionais que já têm bagagem podem ter um valor de contratação maior. Em contrapartida, isso pode ser benéfico para o negócio, caso seja bem utilizado, portanto, não existe uma regra, e sim uma avaliação detalhada do que o negócio precisa para aquele momento.

As empresas estão em um processo de mudança e buscando a formação constante, mas isso não pode se restringir a liderança, mas a todo o corpo da empresa, para que se crie uma consciência coletiva de formato de trabalho, aplicação e mentalidade e tenhamos uma equipe uniforme. Portanto, capacitar pessoas para delegar tarefas é fundamental e vai aumentar os lucros do negócio.

Quando se inicia qualquer tarefa, existem alguns alicerces para que ela saia sem erros: o conhecimento que se carrega sobre cursos e outros, a experiência adquirida ao longo do tempo por você, ter um processo bem definido que o oriente e a experiência de quem já está no negócio. O que acontece na maioria das empresas é que as pessoas erram, e são criticadas por quem sabe fazer, e ficam espantadas: "Como que a pessoa errou ao executar tal tarefa?", tendo isso como falta de comprometimento com o negócio e com seu funcionamento.

Como solução, devem ser delegadas tarefas para se atingir objetivos mais expressivos com a descentralização, mas checando de forma constante o funcionamento e as entregas para evitar falhas durante a execução. Dentro do processo de qualquer tarefa a ser executada, deve ser criado um mecanismo de validação, alguém de fora do processo que cheque sua execução, que faça auditoria do ambiente, das pessoas, da forma que é realizado e do resultado final, pois tanto o sem experiência quanto o experiente são passíveis de falhas, o que muda é a probabilidade e, então, quando o profissional estiver no início, deve-se ter checagens mais constantes e detalhadas.

Vamos agora fazer uma atividade. Enumere quais os processos você delega, coloque a data de início e a de entrega da tarefa; após isso, coloque, entre o início e o fim, as datas em que será checado o desenvolvimento da atividade, assim você vai mudar de nível em vez de reclamar do erro e de ter prejuízos no processo, além de corrigir falhas, minimizar ou até eliminar os impactos em suas entregas e resultados.

Faça uma avaliação da quantidade de empresários que não fazem qualquer validação de tarefas, que querem apenas o resultado na mão a qualquer custo, e muitas vezes, perdem bons profissionais, mesmo tendo contratado pessoas certas e com processos bem formatados, por apenas não terem validado e corrigido falhas.

Com isso, muitos centralizam atividades e sempre têm a mesma tônica ao falar: "Se colocar na mão de outro, não sai como eu quero." Mas devem mudar a forma de agir e, em vez de apenas delegarem as tarefas e meio de atingirem objetivos maiores, devem validá-las até chegarem ao resultado que é almejado. Delegar tarefas é um dom a ser desenvolvido, e apenas pessoas fortes conseguem, pois é preciso escolher certo, delegar certo, validar e, depois, comprovar o que foi feito, checar se existe uma entrega dentro ou acima do esperado, parabenizar o que foi desenvolvido e melhorar constantemente para crescer a cada dia e ter prosperidade no mundo dos negócios e na vida.

Na maioria das vezes, as tarefas são cíclicas e sua evolução deve seguir a cada ciclo iniciado, pois uma empresa e as pessoas que estão nela só se sustentam e se motivam com o crescimento, e é sua tarefa promover isso para aqueles que o cercam, além de gerar um ambiente de crescimento, boas conexões e que gere prazer para as entregas profissionais. Isso é feito com o que foi gerado e com cada tarefa realizada com sucesso.

Agora lhe pergunto: você está pronto para levar tarefas para as pessoas com um grau de conhecimento prático elevado, sendo líder e não chefe, servindo de exemplo e movendo pessoas em torno de um propósito? Isso é ser fonte de conhecimento e lhe dará musculatura para cobrar os resultados das tarefas que designou. Com isso, terá lucro e resultados em seu negócio, além de levar para o mundo uma contribuição valorosa de prosperidade e conhecimento distribuído.

Vamos agora fazer parte de um grupo que sabe delegar tarefas para outras pessoas, que busca a qualquer custo o conhecimento, enriquece-se de sabedoria e vai para o campo de batalha promover entregas, gerar valor e realizar um propósito com total êxito, promovendo ambiente rico de oportunidades, conectando-se com pessoas de valores e valorizando cada minuto de vida que lhe foi dado por Deus e justificado por Jesus Cristo na cruz, que falou: *"Ide, portanto. Fazei discípulos de todas as nações, batizando-os em nome do Pai, e do Filho, e do Espírito Santo"* (Mateus 28:19), contemplando assim, o melhor de uma vida em abundância.

"

Somos a fagulha para
acender o fogo que já
existe dentro de você, e
você é o fogo que deve
queimar nos corações
de outras pessoas.

Alonso Vasconcelos

Amanda Matos Coelho

Estou há 16 anos atuando no mercado de desenvolvimento de marcas próprias e no segmento de cosméticos. Lançamos mais de 10.000 *SKU* (também conhecido como *Stock Keeping Unit*, um código usado em cada unidade de produto para identificá-la no estoque) para o mercado nacional e internacional. Participei dos maiores projetos de criação de marcas no Brasil. Atualmente possuo uma empresa de consultoria em desenvolvimento de produtos e marcas, chamada Assinatura Marca Própria, e uma indústria de terceirização de cosméticos, chamada Alva Cosméticos.

O projeto mais recente, do qual sou cofundadora, é a *Be Belong*, a casa das marcas independentes, um projeto pioneiro que tem como objetivo apresentar ao mercado as novas marcas brasileiras. Este ano, a *Be Belong* abriu sua primeira loja física em São Paulo. Para acompanhar mais detalhes sobre o meu trabalho, siga-me:

amandacoelhoofficial

marcapropria.assinatura

alvaterceirizacao

belong.be

+55 31 99444-5507

assinaturamarcapropria.com.br

COMO ORGANIZAR SEU DIA PARA AUMENTAR A PRODUTIVIDADE

04

Por Amanda Matos Coelho

Uma coisa que sempre me perguntam nas redes sociais é como consigo administrar o meu tempo para gerenciar múltiplas tarefas em cargos diferentes, com tanta eficiência. Algo que aprendi durante a minha carreira profissional é que a repetição leva ao aprimoramento de suas habilidades. Por isso, uma rotina intencionalmente organizada e estruturada pode ser responsável por uma produtividade maior. O objetivo deste capítulo é compartilhar a minha experiência e trazer ferramentas práticas e fáceis para o seu dia a dia, despertar o interesse por uma rotina consistente, que diminuirá o seu desgaste emocional no cumprimento das suas tarefas.

Ao menos uma vez na vida, você deve ter se perguntado: "Como criar uma rotina?". E, provavelmente, você também já deve ter desejado que seu dia tivesse mais do que 24 horas. Estamos em constante movimento, temos milhares de pensamentos ao longo do dia e dezenas de afazeres e mesmo com essa correria toda, aquela sensação de improdutividade nos assombra, trazendo um desconforto que, em alguns casos, pode ocasionar uma síndrome do impostor.

Muitas pessoas não conseguem cumprir a agenda diária, seja por falta tempo ou má administração, com isso, o trabalho deixou de ser algo prazeroso, virando o principal motivo de estresse. Mas será mesmo que são necessárias mais horas no nosso dia, ou uma rotina mais organizada e produtiva? Como dar o primeiro passo para refazer os seus hábitos que o tornam menos produtivo? Como aprender a delegar efetivamente? Como classificar suas tarefas para otimizar a sua performance? O que fazer para desenhar uma lista de tarefas factível?

Como organizar o seu dia a dia?

Em primeiro lugar, será necessário pensar no seu dia. Apesar de parecer algo elementar, algumas pessoas simplesmente acordam sem saber o que precisam fazer no dia. Planejar é algo essencial para o bom aproveitamento do seu dia: escolha o melhor momento para planejar. É importante fazer o planejamento semanal com revisões diárias.

O maior desafio está em começar. Serão necessários muito foco e determinação. Para organizar a rotina, vai precisar de 3 ações fundamentais: liste todas as tarefas que precisa realizar, até as tarefas mais elementares devem ser listadas; entenda seus hábitos e limitações; enfim, tenha ou busque consciência dos benefícios de cada atividade.

1- Monte a sua lista de tarefas com cuidado e seja detalhista.

Considerando o planejamento semanal, como mencionei acima, ser a minha opção pessoal, são sete dias para encaixar trabalho com lazer. Não se esqueça de que a vida pessoal também precisa de planejamento. Com o ritmo acelerado do dia a dia e a sobrecarga de trabalho, tornou-se mais importante planejar as oportunidades de entretenimento ou de encontros com pessoas queridas, evitando assim desencontros e frustrações.

Ao listar as tarefas, é importante que você coloque tudo (disse tudo) que você precisa fazer. Por exemplo: preparar o café; reunião com a equipe; aula com a fisioterapeuta; organizar lista de compras e solicitar os produtos; marcar médico para meu filho; e rever os resultados da equipe comercial.

Depois de listar tudo que precisa fazer, é hora de separar por prioridade e relevância; só nesse processo, vai refletir o que é realmente importante para você.

2- Entenda seus hábitos e limitações.

Todo método precisa ser adaptado a sua necessidade. É importante que o método faça sentido e facilite o seu dia a dia. Tenha persistência, novos hábitos podem precisar de prática e resiliência para que façam parte automaticamente da sua nova rotina. Lições aprendidas serão mantidas, mas, caso identifique a necessidade de aprimorar algo para tornar a rotina mais funcional, não hesite em se adaptar. Cada um desenvolverá a sua fórmula pessoal de sucesso.

Não tenha pressa, com o passar dos dias e meses, você vai se adaptando às tarefas da rotina. Lembrando sempre que toda mudança interna precisa ser um desejo profundo e deve fazer parte das suas metas pessoais, caso contrário, você vai abandoná-la na primeira dificuldade.

3- Seja intencional ao criar atividades que geram bem-estar e qualidade de vida.

Ficar no automático, executando tarefas sem pensar, pode gerar estresse e até consequências piores, como a associação negativa sobre o que é uma rotina.

Se você, inicialmente, focar nessas 3 ações, ficará muito mais fácil entender como criar uma rotina. É importante identificar os hábitos que trazem resultado para focar o seu "tempo de ouro" na execução das tarefas de maiores impactos, lembrando-se de delegar aquilo que não precisa ser executado por você.

Como escrever uma rotina?

Depois de entender a importância de ter uma rotina e seus principais benefícios, chegou ao momento de implementar algumas dicas e escrever uma rotina 100% aplicável a sua vida.

Organize sua agenda: organização e foco são características de pessoas bem-sucedidas. Utilize sua agenda, seja ela eletrônica ou tradicional de papel, para elencar suas atividades por ordem de prioridade. O seu planejamento deve prever pausas estratégicas, que lhe dão tempo de resetar a mente e voltar renovado para começar a próxima etapa. Reserve tempo com qualidade para você almoçar, ir ao banheiro, esticar as pernas e se hidratar. Não se esqueça de planejar o horário de chegada ao trabalho e de encerramento das atividades, reservando espaço para descansar. As tarefas devem ser encaixadas de acordo com a sua rotina.

Tenha foco: de nada adianta ter uma agenda superorganizada, se você não pretende segui-la. Pessoas bem-sucedidas revisam a agenda frequentemente, focando no que realmente importa. Se você tem dificuldade de identificar as tarefas que precisam de mais atenção, usar o método da matriz de Eisenhower pode ajudá-lo.

A matriz de Eisenhower é baseada na classificação das suas tarefas de acordo com a importância e urgência de cada uma. Assim, é possível definir quais devem ser priorizadas e direcionar o foco e a energia adequadamente. O método de Eisenhower tem várias regras:

- se uma tarefa é importante e urgente, faça imediatamente;

- se uma tarefa é importante, mas não é urgente, marque em sua agenda o dia mais apropriado para fazê-la;

- se uma tarefa é urgente, mas não é importante, delegue-a para alguém capacitado para executá-la;

	URGENTE	NÃO URGENTE
IMPORTANTE	FAÇA AGORA	AGENDE
NÃO IMPORTANTE	DELEGUE	ELIMINE

- se uma tarefa não é nem importante e nem urgente, esqueça-se dessa tarefa.

Seja objetivo: fique atento às ações que não vão lhe trazer resultados, pois, despender esforços com situações e tarefas impraticáveis é improdutividade. Se algo não pode ser resolvido naquele momento, passe para o próximo item da sua lista. Muitas vezes, nossas energias são consumidas pelo desgaste de situações ou de atividades que não podem ser executadas naquele exato momento, causando frustrações, bloqueios e improdutividade.

Não crie obstruções no seu dia. Se você não pode resolver aquela tarefa no momento, passe para o próximo item da sua lista, ao final do dia, reveja e tente remanejar esse item para que ele seja resolvido, sem criar tanto desgaste emocional.

Controle a ansiedade: existem muitos nomes para definir a ansiedade, são eles: angústia, aflição, preocupação intensa e medo. A sensação de ansiedade pode ser tão desconfortável que, para evitar, as pessoas podem deixar de fazer tarefas simples, como listar as próprias tarefas.

Os transtornos causados pela ansiedade têm sintomas intensos, que afetam o funcionamento do corpo e podem causar taquicardia, sudorese, boca seca, dentre outros sintomas. É um exercício diário controlar a ansiedade e usá-la a seu favor. A ansiedade controlada estimula o indivíduo a entrar em ação, fazendo com que ele se antecipe em situações de risco.

Infelizmente, existem dias em que a sua agenda sai do controle; imprevistos acontecem e são inevitáveis. Entretanto, você não precisa ter um surto e se sobrecarregar com questões fora do seu alcance. Mantenha a calma e termine o que começou da melhor forma possível. Eu sempre menciono para minha equipe uma frase: para sair de situações desafiadoras, é preciso ter corpo quente para agir e fazer o que for preciso e mente fria para pensar com calma e ver as saídas. O medo de falhar impede muitas pessoas de começarem, então não seja tão perfeccionista, faça o seu melhor e saiba que a evolução é uma busca constante.

Facilite o seu dia: falamos muito sobre o seu ritmo e ele é extremamente importante na organização do seu dia. O autoconhecimento faz com que você entenda em qual momento do dia você estará mais disposto a executar tarefas. Algumas pessoas têm mais disposição para atividades intelectuais mais na parte da tarde do que no período da manhã; outras gostam de praticar exercícios logo cedo; até mesmo, seus hábitos alimentares influenciam na sua disposição.

Sendo assim, organize sua agenda da melhor forma possível e que faça sentido para você. Se não for possível organizar seus afazeres no seu melhor período, ao menos inicie suas atividades pelos tópicos mais fáceis e prazerosos.

Estabeleça prazos: determinar prazos para concluir suas tarefas é fundamental. Esse é um método mais eficiente para não acumular coisas para fazer. Os prazos não são seus inimigos, pelo contrário, são seus aliados para que você não se perca em meio às pendências diversas. Tenha o prazer de cumprir as tarefas sempre no fluxo de sua rotina.

Para executar muitas tarefas sem que elas dominem sua saúde mental, a chave está em seguir uma organização que facilite a visualização de tudo o que deve ser feito. Delegue o que realmente não precisa ser executado por você e gerencie o tempo. É dessa forma que consigo multiplicar as minhas horas do dia, sendo diretora de quatro empresas e executando com muito amor cada uma das minhas funções. Espero que este capítulo seja útil e o ajude a ser muito mais produtivo.

"

Corpo quente para agir com velocidade e precisão em cima dos desafios, mente fria para pensar com clareza nas tomadas de decisões.

Amanda Matos Coelho

Ana Metheler

Sou Ana Carolina Metheler, resido em Americana, São Paulo. Apaixonada por café, planejamento e pelos meus 10 filhos de patas. Sou empreendedora, mentora, escritora, especialista em Psicologia Positiva, psicanalista, *life coach* e CEO do Instituto Ana Metheler, MS Portais e iSei Plataforma EaD. Desde 2012, empreendendo dentro e fora do país.

Também sou autora do método único on-line, que ensina mulheres a empreender com praticidade e organização, intitulado "A Jornada da Heroína". Em minha jornada como empreendedora, foram superados grandes desafios, e já provei que é possível alcançar o que se sonha através da organização e produtividade. Por meio da minha experiência, busco auxiliar o indivíduo a sair da zona de conforto e buscar a liderança pessoal, tornando-se a melhor versão de si mesmo.

anametheler

+55 (19) 99489-9004

anametheler@gmail.com

www.anametheler.com

COMO DEFINIR OBJETIVOS CLAROS PARA O SEU NEGÓCIO

05

Por Ana Metheler

O seu resultado é fruto do comprometimento que você tem consigo. Não existe sucesso sem comprometimento e, desde cedo, tive que aprender isso na prática. Antes de ensinar o guia definitivo para você definir objetivos para o seu negócio, quero deixar claro que nem sempre foi fácil criar objetivos e os seguir.

Venho de uma família na qual meus pais se dedicaram a salvar vidas: minha mãe, enfermeira e meu pai, bombeiro. Logo, a vida, para nenhum deles, foi fácil, por isso, a vida deles foi investir energia e dinheiro para que eu e meu irmão mais novo tivéssemos a melhor educação, sem termos que passar pelas dificuldades que eles passaram. Desde pequena, sempre estudei em colégios em tempo integral, dedicando minha vida aos estudos para que, no futuro, conseguisse concretizar meu sonho de ter várias empresas (essa era a minha fala quando alguém perguntava o que eu queria ser quando crescesse).

Mas foi em 2006 que minha vida mudou completamente. Nessa época, meus pais se separaram, e minha mãe estava acamada devido a uma cirurgia delicada na coluna cervical. Sendo a irmã mais velha, tive que tomar a frente dos cuidados de casa e, desde cedo, das responsabilidades financeiras. Foi nesse momento que as tais metas e objetivos começaram a fazer parte do meu dia a dia.

Recordo-me de que, nas festas de fim de ano em família, todos falavam das metas para o próximo o ano, que tudo aquilo que não tinham conseguido realizar no ano vigente iria ser realizado no seguinte, algo que chamo de esperança de metas; isso acomete grande parte da sociedade, a famosa lista de metas de fim de ano. Posso afirmar que eu era exatamente essa pessoa que tinha uma listinha de metas, sonhos de fim de ano e uma esperança de concluir tudo no próximo ano.

Só tinha um problema: isso não funcionava, e o motivo era simples, as metas e os objetivos eram estabelecidos apenas por uma esperança de algo que não haviam conseguido concretizar, mas não entendiam de fato o que fazia com que cada um deles não conseguissem alcançar as tais metas colocadas no papel de fim de ano.

Em 2008, comecei a trabalhar em uma escola de cursos profissionalizantes, no interior de São Paulo, em uma cidade chamada Nova Odessa. E foi ali que vivenciei esse mesmo cenário de esperança de metas dentro de uma empresa. Compreenda que, em uma empresa, antes de ser uma pessoa jurídica, existe uma pessoa por trás dela, que tem sua própria personalidade, visão de mundo e que, muitas vezes, reflete isso em seu empreendimento. Não seria diferente na hora de definir metas e objetivos para a sua empresa. Ou seja, em ambos os cenários, existia algo em comum: definir uma lista de metas enormes, afinal, tinha que compensar o ano anterior, e o objetivo era um faturamento maior.

O grande problema nessa questão é que, se escrever tantas metas, ninguém consegue alcançar, ainda mais se a realidade é avisar os colaboradores sobre elas e esperar que cada uma delas as realizem. E isso não funciona por simples motivos: confundir metas com objetivos, sonhos com metas e não ter clareza de tudo isso.

A maior consequência nesse cenário foi que, em 2012, a escola abriu falência. Claro que o fato de definir metas e objetivos é apenas a ponta do *iceberg* nesse caso. E o meu cenário foi que, naquele momento, eu deveria abrir o meu empreendimento. Comecei a me movimentar e escrevi a minha meta, meu objetivo e meu sonho. A maior confusão começa quando não entendemos o que é objetivo e meta, pois eles têm uma semelhança em sua definição, mas, na prática, são diferentes. Um objetivo é o que você tem como propósito, chamo de objetivo maior; já a meta é o degrau para alcançar o seu objetivo maior. O sonho é o que motiva, muitas vezes, o seu objetivo maior.

Lembra-se de quando enfatizei que uma empresa, antes de ter um CNPJ, é uma pessoa com as suas crenças, valores, personalidade e tudo o que acompanha o ser humano? O pulo do gato é você compreender que, para definir uma meta clara e objetiva, precisa de um motivo, ou seja, precisa ter clareza do seu porquê. E toda empresa tem o seu "porquê". Ele está na missão e na visão dela. Quando você sabe o "porquê", o "como" fica muito mais fácil. Se você ainda não definiu a missão do seu empreendimento, responda as seguintes perguntas:

1. Quais são os principais benefícios e vantagens que sua empresa leva ao seu público?
2. Escreva em uma frase curta os benefícios e as vantagens da sua empresa, elaborando assim a missão dela.

Agora a visão da empresa é pensar no futuro dela, em como você visualiza o crescimento do seu empreendimento. Caso ainda não o tenha definido, responda às perguntas abaixo.

1. Como gostaria que sua empresa estivesse daqui 5 anos?
2. Se a sua empresa fosse uma pessoa, por quais atitudes você gostaria que ela fosse admirada?
3. Elabore, em uma frase curta, a visão do empreendimento, juntando às respostas acima.

Independente se você está começando ou não o seu empreendimento, é crucial que defina a missão e a visão, não para deixar em um quadro na parede uma frase, mas, sim, para compreender por qual motivo sua empresa existe.

Tendo em mãos a missão e a visão, vamos ao guia definitivo para estabelecer metas claras e objetivas para o seu negócio? Toda meta precisa ter prazo, especificidade, controle e rotina. Veja o que cada um deles significa:

- prazo: sempre deve definir datas e, quiçá, horários que irá concluir essa meta;

- especificidade: aqui você irá definir como e quem vai realizar a meta;

- controle: analisar e corrigir sempre, pois monitorar as metas auxilia nas próximas tomadas de decisões;

- rotina: a rotina é tão importante quanto a definição de metas, é por meio dela que terá desenvolvido um hábito. Crie uma rotina para definir as metas e revisá-las, seja uma vez na semana ou a cada quinze dias. E, claro, utilize ferramentas que vão auxiliar você na clareza das metas, seja um caderno físico ou aplicativos.

Definir uma meta é semelhante ao uso de um GPS, por exemplo, quando vou viajar a um lugar pela primeira vez, coloco o exato endereço no GPS e ele vai traçar a melhor rota, tempo estimado e sempre me informará sobre os radares ou dificuldades na pista. Imagina se eu fosse à praia e, simplesmente, coloca-se a frase "ir à praia" no GPS. Provavelmente, ele não conseguiria definir a melhor rota, pois não fui específica, tornando a minha rota inatingível.

Uma meta para ser alcançada deve ser tangível, ou seja, não adianta você escrever uma lista enorme de metas e não conseguir realizá-la por parecer impossível. A meta deve ser específica, uma meta de "ganhar mais dinheiro" ou "vender mais" raramente é alcançada. Isso acontece, pois não se foi específico o suficiente. Além de ser relativo, ganhar mais dinheiro para uma pessoa pode ser x e, para outra, y. A maneira mais prática de definir uma meta é responder às seguintes perguntas:

- O que será feito?

- Por que será feito?

- Como será feito?

- Quem está envolvido?

- Quando será feito?

Além disso, refletir sobre se ela é alcançável é de suma importância: aumentar o faturamento mensal em 95% é possível diante da realidade que se vive? Ou aumentar em 10% o faturamento mensal é mais atingível?

Passo a passo na definição das metas

Tudo começa na rotina. Escolha sua ferramenta, seja ela um caderno ou aplicativo, e o tempo que vai dedicar para definir as metas. Minha orientação é você testar e ver o que consegue trazer como um hábito. O segredo é não abandonar a rotina que criar. Quando percebOler, já vai ter criado o hábito de definir e concluir as metas. Agora vamos ao passo a passo para definir metas alcançáveis.

1. Escreva a meta de forma específica: quanto mais detalhe melhor. Para ajudar, utilize as perguntas: "o quê" e "por quê" que descrevi anteriormente.
2. Pessoas envolvidas: existe alguém envolvido na meta? Se sim, agora é o momento de definir essas pessoas.
3. Recursos: precisará de algum recurso? Quanto vai custar?
4. Defina uma data e horário: aqui você vai colocar o prazo que tem para concluir a meta.

Lembre-se disso: não se sabote. Siga todo o passo a passo e se certifique de como você vai avaliar se sua meta foi atingida ou não. Reconheça seus limites: uma meta pode ser ousada, mas dentro da uma realidade possível, (dessa forma, vai evitar possíveis frustrações), e, claro, deve fazer sentido para você e seu empreendimento. Afinal, toda empresa tem uma pessoa responsável que desenvolveu um negócio a partir de um sonho, e essa pessoa tem sua própria personalidade e visão de mundo. No final, todos nós desejamos deixar um legado neste mundo. Todo sucesso depende do nível de comprometimento que você tem consigo e com o seu negócio.

"

Toda conquista começa com a decisão de fazer.

Ana Metheler

Anne Couto

Sou Anne Couto, natural de Aracaju, Sergipe, cidade na qual resido com minha família. Tenho 41 anos, sou mãe de 4 filhos. Sou empreendedora no seguimento de vendas diretas, além de *coach*, analista comportamental, palestrante, treinadora de um programa reconhecido pela ONU Mulheres, o "Pérolas", um programa de capacitação e formação de liderança feminina por meio do grupo Hinode. Desde a minha infância, vivi e compreendi os desafios de empreender.

Na infância, vi minha mãe trabalhar numa área que não era muito comum para uma mulher. Com isso, já comecei a ver que empreender não era uma tarefa fácil. Iniciei minha jornada empreendendo como sacoleira, vendendo lingerie e, quando comecei a empreender no modelo que atuo hoje, os desafios só aumentaram, mas, mesmo diante dos altos e baixos da vida, de uma coisa tinha certeza, que lidar com as minhas emoções era fundamental para ter sucesso em minha jornada.

annecoutooficial
ofuturovestesaia
+55 (79) 99876-8103
anne.couto28@gmail.com

GESTÃO DAS EMOÇÕES

06

Por Anne Couto

Em 2012, comecei uma nova fase em minha carreira como empreendedora, num modelo de negócios que, aqui no Brasil, ainda é um paradigma para muitos, pois as pessoas ainda têm uma visão distorcida do modelo MMN (Marketing Multinível), um modelo de negócios americano, criado na década de 1940. Por meio dele, desenvolvo o programa "Pérolas" através do grupo Hinode, uma empresa brasileira com 35 anos no mercado, a qual represento há 12 anos.

Confesso que um dos maiores desafios nessa fase foi aprender a lidar com pessoas, e isso mexia muito com meu campo emocional. Mas, com o apoio de cursos e leituras, entendi que, para aprender a lidar com pessoas, antes, precisaria lidar comigo mesma, e no campo do empreendedorismo esse é um dos fatores de extrema relevância, a partir daí, entra a gestão das emoções.

Diante dessa percepção, comecei a investir tempo e recursos em busca do autoconhecimento, para me desenvolver e alcançar esse êxito. A cada novo aprendizado, ficava mais claro que o meu papel na sociedade era ajudar pessoas a enxergarem o grande potencial que existia dentro delas. E como trazer à tona essa descoberta? Conhecendo a si mesmo e aprendendo a gerenciar suas emoções. Empreendedor, sei que o mundo dos negócios pode ser um desafio emocional. Gerenciar suas emoções é essencial para manter o equilíbrio e o foco em seus objetivos.

O que nunca lhe contaram sobre empreender, mas vou lhe contar agora

Quando se toma a decisão de iniciar uma jornada empreendedora, é fundamental que, além de um bom projeto, você tenha a clareza de que enfrentará desafios, pois ninguém fala, mas, se tem algo que todo empreendedor precisa saber, é lidar com desafios. E, infelizmente, nem sempre estamos preparados para eles. Uma outra coisa que não lhe contaram é que os desafios sempre irão fazer parte de sua jornada como empreendedor e que será elemento fundamental para o seu crescimento.

E o que poucas pessoas não sabem, porém é importante saber, é que o sucesso é o resultado não apenas de fatores positivos ou coisas boas, mas também dos altos e baixos vividos no processo. E a falta dessa consciência é um dos fatores que causam a desistência de grandes projetos no mercado, pois muitos empreendedores não estão preparados emocionalmente para os altos e baixos de seus negócios.

E por que essa falta de preparo emocional nas pessoas que iniciam suas jornadas empreendedoras? Por acreditarem que o mundo do empreendedorismo é vivido por caminhos lineares. A grande questão não é o problema quando surge, mas, sim, como você reage diante dele. É aí que entra a gestão emocional.

No livro **Atitude Mental Positiva**, de Napoleon Hill, o autor compartilha que devemos nos identificar com uma imagem de sucesso, isso nos mostra que a emoção gerada através dessa imagem fortalece o empreendedor a seguir firme em sua jornada, pois a sua visão de futuro está clara.

Um outro ponto que merece nossa atenção é a emoção do medo: todo empreendedor precisa desenvolver a habilidade de gerenciar o medo. Existe uma frase que diz: "A mesma cerca que nos protege nos prende."

E uma verdade é que o medo não tem só pontos negativos: é uma emoção que merece uma atenção especial, pois, quando o medo surge, ele pode estar querendo lhe proteger de algo que é importante para você, como um valor seu, por exemplo. Devemos desenvolver a habilidade de desarmar nossas armadilhas mentais. Sob o ponto de vista da gestão das emoções, ser forte não se refere à força física, mas sim à força mental.

Por que o empreendedor precisa ter controle emocional?

O empreendedor precisa ter controle emocional diante dos desafios que, muitas vezes, terá que ultrapassar. É necessário ter esse controle, pois também irá lidar com outras pessoas, como clientes, fornecedores, colaboradores etc. O empreendedor, ao lidar com os seus sentimentos e emoções, deve ter em mente que também terá que lidar com as emoções dessas pessoas, a fim de atingir seus reais objetivos.

Entretanto, além dos desafios como concorrência, ou como o mercado em que atua, é muito importante ter inteligência emocional para lidar com certas situações que poderão fugir do controle. É essencial sempre avaliar cada situação, escutar e se colocar sempre no lugar das outras pessoas, tendo equilíbrio emocional. É muito importante ter paciência. Tenha controle emocional e jamais desista do seu negócio.

Infelizmente, aqui no Brasil, não somos educados para nos tornarmos empreendedores. Muitos iniciam suas jornadas empreendedoras com situações como complementar renda, ou quando se veem desvinculados de seus empregos CLT, o que implica na falta de preparação, principalmente, no campo emocional desses empreendedores. Órgãos como o Sebrae oferecem auxílio aos empreendedores, inclusive, nesse papel de conscientização da necessidade de ter equilíbrio emocional para gerenciar seus negócios.

Gestão emocional dos empreendedores

A gestão das emoções do empreendedor é uma habilidade essencial para qualquer pessoa que deseja ter sucesso no mundo dos negócios. Na verdade, muitos especialistas afirmam que a capacidade de gerenciar o estresse, a ansiedade e outras emoções é uma das habilidades mais importante para um empreendedor.

Um empreendedor é uma pessoa que assume riscos e trabalha arduamente para alcançar seus objetivos. Isso pode ser incrivelmente desafiador e pode, muitas vezes, gerar uma variedade de emoções negativas, como ansiedade, medo, incerteza e estresse. Mas, se houver uma gestão adequada das emoções, pode-se evitar o esgotamento e a queima de energia.

Embora o empreendedorismo no Brasil possa apresentar desafios únicos, é possível superá-los com determinação, conhecimento e habilidades adequadas. Ao conhecer seu mercado, enfrentar a burocracia, construir uma rede de apoio, desenvolver habilidades de gestão e cultivar a resiliência, você estará preparado.

O cenário empresarial é dinâmico e repleto de obstáculos que podem dificultar o caminho do empreendedor. No entanto, com a mentalidade certa e estratégias adequadas, é possível superar esses desafios e alcançar os objetivos definidos. Empreender no Brasil pode ser uma jornada emocionante, porém desafiadora. Neste conteúdo, compartilharemos dicas valiosas para ajudar empreendedores a lidarem e a superarem os desafios de empreender no Brasil.

Mas como aprendi, na minha jornada empreendedora, a gerenciar as minhas emoções?

Através do autoconhecimento. E, por isso, vou compartilhar aqui algumas formas de desenvolver a inteligência emocional. Quero compartilhar 10 atitudes que irão auxiliar você no gerenciamento de suas emoções.

1. Reconheça suas emoções: a primeira etapa para gerenciar suas emoções é reconhecê-las. Esteja ciente de seus sentimentos e reconheça que é normal se sentir ansioso ou estressado diante de desafios e incertezas.

2. Desenvolva um plano de ação: depois de reconhecer suas emoções, é importante desenvolver um plano de ação para lidar com elas de forma produtiva. Ter uma estratégia de curto e longo prazo pode ajudar a manter a motivação e a clareza, mesmo quando as coisas ficam difíceis.

3. Fique focado nos seus objetivos: mantenha-se orientado e comprometido com seus objetivos, mas seja realista e flexível ao mesmo tempo. Esteja disposto a mudar os planos, se necessário, para alcançar o sucesso pretendido.

4. Cultive uma rede de suporte: ter uma rede de suporte é crucial para o ajudar a lidar com as emoções negativas que podem surgir durante o empreendimento. Ter um suporte emocional sólido é fundamental: encontre um grupo de empreendedores ou um mentor com quem você possa compartilhar suas experiências e desafios emocionais. Eles podem oferecer *insights*, conselhos e apoio durante momentos difíceis.

5. Cuide de si mesmo: cuide de sua saúde emocional. A prática regular de exercícios físicos, meditação e alimentação saudável pode ajudá-lo a lidar com o estresse e a ansiedade, que muitas vezes, acompanham o empreendedorismo. Lembre-se de que você é um recurso valioso para o seu negócio e precisa estar emocionalmente saudável.

6. Eduque-se sobre inteligência emocional: a inteligência emocional é a capacidade de reconhecer, compreender e gerenciar suas próprias emoções e as emoções dos outros. Invista em livros, cursos, palestras ou recursos on-line sobre o assunto, para aprimorar suas habilidades nessa área.

7. Práticas de autogerenciamento: explore técnicas de autogerenciamento, como a meditação, a respiração consciente ou a prática regular de exercícios físicos. Essas atividades podem ajudar a reduzir o estresse, aumentar a clareza mental e melhorar sua capacidade de lidar com as emoções.
8. Cultive o autocontrole: uma parte essencial do gerenciamento emocional é desenvolver o autocontrole. Isso envolve a capacidade de regular suas reações emocionais, em vez de deixar que elas o dominem. Pratique pausar antes de responder em situações emocionalmente carregadas e trabalhe na gestão de impulsos.
9. Pratique a resiliência: ser empreendedor envolve enfrentar desafios e adversidades constantemente. Desenvolva a resiliência emocional, a capacidade de se recuperar rapidamente de contratempos e lidar com a pressão. Veja cada desafio como uma oportunidade de aprendizado e crescimento pessoal.
10. Conquiste a liberdade mental por meio da cultura do diálogo. É um recurso poderoso para se ter leveza em todas as esferas da vida.

Lembre-se de que o gerenciamento emocional é um processo contínuo e individual. Cada pessoa pode ter estratégias diferentes que funcionam melhor para ela. Experimente essas dicas e as adapte conforme necessário, para encontrar o que funciona melhor para você como empreendedor. Em resumo, a gestão das emoções do empreendedor é uma habilidade essencial que pode ser desenvolvida e aprimorada ao longo do tempo.

Ao reconhecer suas emoções, desenvolver um plano de ação, manter o foco em seus objetivos, cultivar uma rede de suporte e cuidar de si mesmo, os empreendedores podem enfrentar os desafios de forma produtiva e alcançar o sucesso. Gerencie suas emoções por meio dessas estratégias práticas para lidar com o estresse, cultivar a positividade e alcançar o equilíbrio emocional. Descubra o poder de gerenciar suas emoções e transforme sua vida hoje mesmo.

"

Controle suas emoções,
controle seu destino.
Seja o mestre das suas reações
e conquiste o mundo dos
negócios.

Anne Couto

Ariadne Esteves

Sou Ariadne Esteves, mãe da Júlia e esposa do Jean. Sou advogada e sócia do escritório Esteves e Esteves Advogados. Depois de 20 anos atuando apenas no mercado jurídico, atendendo empresas e empresários, iniciei o desenvolvimento de um novo negócio com a dōTERRA. Tornei-me membro do clube de fundadores da empresa no Brasil e mentora de negócios. Hoje conto com uma equipe de distribuição dos produtos da empresa em mais de 24 países.

Desde cedo, tive que buscar o meu autoconhecimento e o desenvolvimento de uma mentalidade empreendedora para superar desafios. Por isso, hoje posso contar a minha história e mostrar que é possível sermos donos de nossas próprias vidas e que nossa mudança depende apenas das nossas decisões atuais, não importando onde estamos, mas, sim, para onde desejamos ir.

ariadnesteves

estevesadvogados.com.br

+55 (12) 99181-0002

Ariadne Esteves

COMO LIDAR COM A PRESSÃO E SITUAÇÕES ADVERSAS

07

Por Ariadne Esteves

Você concorda que a vida é maravilhosa? Também concorda que ela é cheia de desafios necessários para o nosso processo de lapidação? Bom, conciliar todos os papéis que temos, encontrar equilíbrio e conseguir lidar com as adversidades que se colocam diante de nós pode ser algo muito desafiador, especialmente quando ainda não desenvolvemos a inteligência emocional necessária para isso.

Se você quer se tornar invencível, precisa blindar sua mente e não se deixar abalar por situações externas que fogem do seu poder de escolha. Isso é inteligência emocional. Pessoas com elevados níveis de inteligência emocional possuem capacidade de reconhecer e gerenciar as próprias emoções e as emoções de outras pessoas e, com isso, possuem maior habilidade para lidar com os desafios da vida.

Pessoas com essa habilidade desenvolvida são mais equilibradas, têm mais felicidade e sucesso em seus relacionamentos e conseguem passar por esse mundo deixando um legado de alegria. Nossas emoções são resultado da percepção que temos dos estímulos externos, das situações, dos fatos e dos acontecimentos que nos cercam em nosso dia a dia. Por esse motivo, somente buscando o desenvolvimento dessa habilidade, é que podemos adquirir autossuficiência emocional em nossa caminhada na vida, para sentirmos paz, esperança e experimentarmos o verdadeiro sentido do sucesso.

Em casa, eu tenho dois grandes exemplos de inteligência emocional: meu pai e minha mãe. Sempre me ensinaram pelo exemplo que os desafios da vida existem para nos moldar e nos ajudar a ser melhores todos os dias.

Meu pai era militar, mas ele tinha feito faculdade de Direito e, há 4 anos, vinha estudando todos os dias, com muito sacrifício, para prestar concurso para a magistratura, sempre tendo incentivo e apoio incondicional da minha mãe. Naquele mês, tinha acabado de ser aprovado. Nós morávamos em uma vila militar na época e, certo dia, após essa notícia maravilhosa da aprovação do meu pai, minha mãe encontrou com uma mulher, esposa de outro militar, que começou a conversar com ela sobre a aprovação do meu pai.

Lembro-me bem de quando ela falou para minha mãe: "Ih! Agora você vai ver, ele vai acabar te deixando. Aguarde." A reação da minha mãe, no momento, só confirmou para mim o quanto a inteligência emocional é importante, pois ela simplesmente respondeu: "Pode ser, mas, de qualquer forma, minha situação ainda será melhor que a atual, pois, com a pensão de um juiz, após um divórcio, terei mais recursos do que tenho hoje."

Vejam como ela conseguiu dominar suas emoções e controlar sua reação. Esse momento mostrou grande coragem e autocontrole, pois minha mãe, com três filhos, dona de casa, que apoiou e estimulou o marido a estudar e a alçar voos maiores, colocando sua visão naquele projeto de vida, com toda a crença de que isso seria o melhor para toda a família, em um momento em que deveria estar sendo comemorado e felicitado, ao receber essa observação triste, frustrante e cheia de sentimentos negativos, ponderou sobre a situação e controlou a sua reação. Esse fato sempre ecoou na minha mente, e eu sempre me lembro dessa situação como exemplo de alguém que sabe controlar suas emoções.

O homem natural está programado para dar prioridade às emoções e não à razão, isso é uma questão fisiológica, pois nosso primeiro contato com os estímulos externos se dá através do nosso cérebro emocional (sistema límbico), e não pelo cérebro racional (córtex frontal). Então, o córtex frontal não consegue bloquear as emoções porque o caminho dos estímulos sempre passa primeiro pelo cérebro emocional, por isso, lidar eficazmente com as emoções é extremamente difícil para a condição humana.

Isso explica a reação dos bebês e das crianças que ainda não possuem maturidade suficiente para gerenciar suas emoções e que agem por impulso, apenas como reflexo da percepção de suas emoções. Como não queremos ser considerados adultos infantis e estamos aqui visando o nosso desenvolvimento diário, passo a descrever para vocês 4 habilidades que, após meus estudos considero muito importantes para o processo de desenvolvimento da inteligência emocional.

1. Conhecer a si mesmo.

Como ajudar alguém, se não sou capaz de ajudar a mim mesmo? Começar o desenvolvimento dessa habilidade conhecendo a si próprio em primeiro lugar, sabendo reconhecer os gatilhos que levam você a ter determinados sentimentos e comportamentos, isso é essencial. Fazer perguntas a si mesmo e observar o que você sente, levam a importantes reflexões pessoais e o ajudam a reconhecer os reais desafios que precisa enfrentar para não perder o controle.

Quando você sabe o que está sentindo, pode começar a trabalhar em como lidar com essas emoções de maneira saudável, impedindo reações destrutivas e que serão objeto de arrependimento no futuro. Esse é um processo gradativo e constante que devemos estar dispostos a manter em aprimoramento.

2. Entender os sentimentos das outras pessoas.

Vou ilustrar uma situação para vocês.

Maria e Ana eram vizinhas. Maria foi passear com a família e, após três dias fora da cidade, ao retornar para casa, encontrou com Ana. Logo na saída da estação rodoviária, nesse momento, Ana já começou a falar: "Maria, tivemos um incêndio no bairro e minha casa foi destruída pelo fogo, não sobrou nada." Então, Maria respondeu: "Pois é, Ana, já havia lhe dito que você precisa corrigir o rumo da sua vida, senão será castigada." Ana olhou para Maria e disse: "Sua casa também foi queimada." Maria então respondeu: "Pois é, a vida não é justa mesmo, né."

Essa história é uma ficção, mas pensem que a atitude de Maria é mais comum do que podemos imaginar. Quantas vezes nossas dores e angústias não são ouvidas e apenas passam pelo processo do julgamento do outro? A compaixão e a empatia, quando desenvolvidas, tornam-nos capazes de compreender mais o outro e julgar menos, pois conseguimos nos colocar no lugar do outro e sentir a dor do outro.

Se você sentiu desconforto na reação da nossa personagem Maria, tente, a partir de hoje, agir diferente, olhar o outro com empatia, tentar entender suas dores, e terá mais vantagens nos relacionamentos pessoais, familiares e profissionais.

3. Seja resiliente.

A resiliência é a capacidade de voltar melhor e aperfeiçoado ao seu estado original, mesmo após enfrentar desafios. Temos que desenvolver a capacidade de nos recuperarmos de situações difíceis. Quando você é resiliente, pode enfrentar a pressão e situações adversas com mais facilidade, além de se recuperar delas mais rapidamente. Vou sugerir aqui para você um exercício prático que pode ajudá-lo nesse processo de desenvolvimento da resiliência.

Em uma folha, escreva: "Por que desejo ser emocionalmente resiliente." Escreva sua resposta ponderando sobre o assunto, descubra seu real motivo para essa busca. A resiliência emocional nos ajuda a entender que os desafios da vida existem para nos tornarmos pessoas melhores, para nos lapidarmos e nos ajudarmos em nosso crescimento diário e constante rumo aos nossos objetivos. Assim, descobrimos que podemos exercer nosso poder de escolha, de como vamos nos sentir e de como vamos nos comportar.

A imaturidade emocional, quando instalada, leva a pessoa a reagir diante dos desafios culpando os outros, usando desculpas, sendo rebelde, reclamando, duvidando, desistindo, procrastinando, sentindo pena de si mesma, sentindo raiva, justificando-se, sentindo medo, ou seja, deixando que sentimentos negativos e improdutivos tomem conta da sua mente e de suas reações.

4. Ter padrões de pensamentos positivos.

Manter um padrão positivo de pensamento é algo que parece clichê, mas é necessário ser dito. Nossos pensamentos possuem grande poder sobre nossas emoções, por esse motivo, eles são tão importantes e devem ser cuidadosamente analisados e aparados. Vale dizer que devemos modelar a plasticidade de nossos pensamentos de maneira que eles gerem emoções positivas, o que inclui até mesmo nossa postura corporal. A maneira como nos referimos a nós mesmos e como pensamos impacta fortemente em nosso comportamento na sociedade. Na Bíblia, o rei Salomão ensinou: *"Porque, como imagina no seu coração, assim ele é."* (Provérbios 23:7)

Nessa mesma seara, temos a clássica frase de Henry Ford: "Se você pensa que pode ou se pensa que não pode, de qualquer forma, você está certo." Um padrão de pensamento positivo leva a uma atitude positiva, que pode fazer toda a diferença quando se tratar de lidar com a pressão em situações adversas. Com esse padrão, é mais fácil focar em encontrar soluções do que focar nos desafios em si.

É preciso aprender a identificar padrões de pensamento sabotadores que nos levam a ver os piores resultados e o pior cenário de uma situação, de pensamentos que acabam nos impedindo de iniciar um projeto, falar com uma pessoa, relacionar-nos com alguém, ou seja, pensamentos que destroem nossa participação no palco da nossa vida. O desenvolvimento da inteligência emocional pode levar tempo e prática, não acontece do dia para a noite, mas o estudo contínuo e, o mais importante, a prática das atitudes aqui demonstradas ajudarão nesse processo.

Trata-se de uma habilidade valiosa. Seja paciente consigo, observe seus pontos fortes e trabalhe de maneira gentil em seus pontos fracos. Mantenha a mente positiva e aberta e você será capaz de superar qualquer desafio que lhe for imposto pela vida. Gosto desta frase do Avicena, que diz: "A imaginação é metade da doença; a tranquilidade é metade do remédio; e a paciência é o começo da cura." Essa frase, escrita por aquele que é considerado um dos fundadores da medicina, evidencia bem o quanto é importante a gestão dos pensamentos, até mesmo seu impacto nas reações fisiológicas de nosso organismo.

Enfim, se você realmente deseja alcançar sucesso e prosperidade em seu sentido mais amplo, com realização na vida pessoal e profissional, desenvolvendo relacionamentos saudáveis, considere hoje desenvolver sua inteligência emocional, busque apoio e ajuda se for necessário, mas observe que somente uma mente sã é capaz de manter um corpo são.

"

Escolha agir, não seja vítima das suas emoções, aprenda a lidar com os desafios com humor, paciência e ânimo, esse é o segredo do sucesso.

Ariadne Esteves

Ariana Dutra

Sou Ariana Dutra, natural de Eunápolis (Bahia), casada com meu sócio e maior apoiador, Reginaldo. Somos pais de dois pets. Sou formada em Administração, financista pela FGV, palestrante e treinadora comportamental. Ao longo da minha trajetória como gestora, por mais de 16 anos, percebi o impacto que a falta de uma comunicação eficaz pode causar tanto no âmbito pessoal quanto no profissional, especialmente numa organização.

Com base nisso, percebi que a capacidade de se comunicar bem não é apenas um dom, mas que também existem técnicas para isso. Dada a importância de uma comunicação de alto impacto, tenho como missão compartilhar essas ferramentas com todos os que desejam alcançar resultados mais extraordinários em todas as áreas da sua vida.

arianadutra.comunica

+55 (73) 3263-3246

ariana@iedhrapport.com.br

Ariana Dutra

AUTORIDADE COMERCIAL ATRAVÉS DA COMUNICAÇÃO E DA ORATÓRIA

08

Por Ariana Dutra

Era 1998 e eu tinha 14 anos quando minha família recebeu a pior notícia possível. Meu pai, nosso porto seguro, acabará de receber o diagnóstico de um câncer. Contudo, não era um câncer comum, mas, sim, um que poderia lhe dar uma duração de vida de no máximo seis meses.

Os seis meses se tornaram mais de três anos e, nesse período, participei de muitas idas e vindas ao hospital, dores e choros. De alguma forma, criei a ideia de que não poderia chorar, expressar os meus sentimentos e minhas dores na frente da minha mãe, ou de qualquer outra pessoa, porque precisava ser forte. Foi assim que criei uma casca. Meu pai faleceu aproximadamente três anos após o diagnóstico, e, meses depois, fui para Minas Gerais em busca de uma nova vida.

Nessa nova vida, carregando a casca para onde ia, consegui o meu primeiro emprego. Iniciei a minha jornada profissional vendendo cursos de informática de porta em porta. Na verdade, não consegui vender nenhum. Mas estava determinada, sabia o que queria e não me importava como, queria trabalhar na área administrativa. Após dois meses, fui contratada por uma organização para exercer a função administrativa. Pronto! O objetivo tinha sido alcançado! Era hora de fazer acontecer e aproveitar a oportunidade, e fiz. Dediquei-me ao máximo e, em pouco tempo, estava liderando uma pequena equipe.

A partir de então, todos os meus cargos foram de gestão. Embora alcançasse resultados significativos para as organizações nas quais trabalhava, enfrentava um problema: não conseguia estabelecer uma comunicação adequada com os meus liderados, colegas de trabalho, na verdade, com ninguém. Tinha problema em casa, no trabalho e na igreja. Por não ter ainda a autopercepção treinada, acreditava que o problema estava sempre nos outros. Eles é que não conseguiam me compreender.

Nas organizações, acreditava que as coisas deveriam ser efetuadas a ferro e fogo, e que, de alguma forma, isso traria resultados. Por esse motivo, achava que estava no caminho certo. O resultado era uma entrega positiva de números, mas uma dor no peito, porque as pessoas ao meu redor diziam o quanto eu era excelente, porém muito autoritária e não sabia falar com as pessoas. Ouvir esse tipo de crítica era muito doloroso. Não me via assim, então talvez fosse uma visão equivocada dessas pessoas. Quem sabe?

Um ano após me casar, fiz minha primeira formação na área de desenvolvimento humano e compreendi a importância de me autoconhecer e aprender a me comunicar comigo, para, assim, aprender a me comunicar melhor com os outros.

Ao ter acesso a esses recursos, percebi que não precisava mais me calar o tempo todo para evitar conflitos. O problema não é o que você fala, mas como fala. Quando percebi que os resultados foram diferentes e melhores em minha vida, quis me aprofundar cada vez mais nesse mundo fantástico da comunicação. Senti de repente que, como gestora, estava obtendo muito mais resultados com as pessoas, sem dor. Já não havia aquela pessoa que tinha uma casca, que não sabia lidar com as suas emoções e, por isso, não conseguia se comunicar direito.

Você já pensou em quanto a falta de comunicação prejudica a sua vida, no que diz respeito às suas relações com os seus funcionários, fornecedores, clientes e ao seu maior negócio, à sua família? Em quantos retrabalhos na organização, ou discussões inflamadas, talvez uma quebra de contrato ou a não consolidação de um novo negócio? A comunicação é indispensável para qualquer coisa nessa vida. A ausência dela nos leva a perder muitas coisas.

Por esse motivo, estou aqui para apresentar três passos que lhe tornem uma autoridade no seu negócio e para que você comece a conquistar uma nova vida por meio de uma comunicação eficiente e eficaz. Se hoje empreendo e consigo resultados que elevam o nível de relacionamento com meus clientes, parceiros, família e amigos, aplicando essas dicas, com certeza você também conseguirá.

3 passos para se tornar uma autoridade em seu negócio com técnicas de comunicação e oratória:

Passo 1 – tenha propósito

O maior problema que um ser humano pode ter na vida, a meu ver, é a falta de propósito. E a falta desse propósito, o que faz você levantar todas as manhãs e ter certeza do que lhe move, leva-o a uma vida desregrada e sem motivação. Saiba o que você quer. Já parou para pensar que, na maioria das vezes, sabemos o que não queremos? Não queremos mais sofrer, não queremos mais viver assim, não queremos mais passar dificuldades financeiras, não queremos, não queremos etc. Mas, se perguntar o que a pessoa realmente quer, de repente, fica um silêncio. Não há propósito. Dentre alguns pontos que, segundo o IBGE, levam cerca de 48% das empresas a fecharem antes dos 5 anos, está a falta de gestão. Como gerirei algo que não sei o por que existe? E como gerar valor financeiro se não tenho brilho no olho e motivação para estar ali fazendo o que for preciso para que esse negócio cresça?

Então, antes de querer falar ao mundo sobre o que você veio fazer, mostrando resultados que muitas vezes não vêm por falta de propósito, fale consigo mesmo. Olhe para dentro, conheça o seu *ikigai*, uma palavra japonesa que significa "a razão pela qual eu acordo todos os dias pela manhã" ou "razão para viver". Conecte-se consigo primeiro e, então, o mundo se abrirá para você. Quando você tiver uma compreensão clara do seu propósito de vida, o seu negócio será um reflexo disso e o crescimento será uma consequência de um novo estilo de vida. Se tenho um propósito, conheço-me, comunico comigo mesmo e consigo me comunicar de forma mais eficiente com o mundo.

Passo 2 – use a escuta ativa, foque no outro

Um dos maiores erros do empreendedor, especialmente na hora de negociar, está em não saber falar da forma correta com seu cliente. E qual a forma correta de falar com o seu cliente? Ouvindo-o. Não é sobre você ou seu conhecimento sobre seu produto/serviço, mas é sobre ter uma escuta ativa. É ouvir com a intenção de compreender, e não de responder. Qual a dor dele? O que ele realmente precisa? Como o meu produto/serviço pode ajudá-lo? Ouça mais, fale menos e você perceberá que a comunicação ativa é a chave de ouro que faltava em sua vida e em seu negócio.

Todo ser humano deseja uma coisa na vida: sentir-se importante. Ao tornar o seu cliente importante, dando a devida atenção a ele, sua comunicação será muito mais efetiva, e você automaticamente se tornará referência por gerar uma experiência para ele. Escutando ativamente, você falará o que ele deseja ouvir da maneira correta, com ética, elevando a sua estima e criando uma conexão que o fará fã do seu negócio. Claro, use esse método com seus clientes internos também. Seus colaboradores precisam ter essa mesma visão para poderem replicar com a mesma energia essa técnica.

A escuta ativa é, na verdade, uma técnica para a vida. Utilize-a com todos que estiverem com você. Haverá uma conexão verdadeira, o que trará resultados surpreendentes para sua vida, por meio dessa comunicação profunda e sincera.

Passo 3 – tenha congruência

Aquela história de "faça o que mando, mas não o que faço" não funciona mais (se é que já funcionou alguma vez). Suas atitudes falam mais do que palavras, então, cuide para viver na prática o que você fala em suas reuniões, postagens nas redes sociais e no seu dia a dia com colaboradores, fornecedores, amigos, família, enfim, em todas as áreas. Ser congruente é crucial para uma comunicação eficaz. Sem essa ferramenta, uma boa oratória não será o suficiente.

Aquela frase que talvez pareça clichê pode até fazer sentido aqui: "Palavras convencem, mas atitudes arrastam." Se você quer ser uma autoridade no seu negócio, procure ser uma pessoa que cumpre a sua palavra com atitudes coerentes. Além disso, a congruência também fala sobre o seu não verbal ser congruente com o seu verbal. Essa é uma premissa fundamental da oratória. A regra de comunicação 7-38-55 é especialmente desenvolvida para ser aplicada nesse contexto. Você já ouviu falar dessa regra? Ela afirma que a linguagem verbal representa 7% da comunicação, enquanto 38% é o tom da voz e 55% é o não verbal. É importante salientar que essa regra é usada para quando há inconsistência ou ambiguidade na comunicação de sentimento/sensações e atitudes, ou seja, quando há incongruência entre as palavras, o tom de voz e a linguagem corporal (não verbal) do comunicador naqueles contextos.

Comece a se perceber nesse sentido. Como é o seu tom de voz? Qual a sua postura corporal? Seja congruente na hora de se comunicar, e você terá uma ferramenta poderosa para ser o referencial em seu negócio. São ferramentas simples, nada impossível de se colocar em prática, não é? Na verdade, não estou lhe passando nada de novo, todavia, quando compreendi esses passos e busquei vivenciá-los, desenvolvi uma habilidade preciosa na área da comunicação. Comunicar-se bem, eficazmente, é a melhor forma de potencializar sua melhor versão. Quando aplicado no âmbito dos negócios, isso torna-se imbatível.

Quero incentivar você, a partir de agora, a seguir esses passos e desfrutar de um novo patamar em sua vida e, consequentemente, no seu negócio. Tendo um propósito bem definido, escutando ativamente com o foco no outro e tendo congruência, tornar-se um referencial em seus negócios será uma consequência natural. Experimente aplicar essas técnicas a partir de hoje na sua vida e no seu negócio.

Descubra o seu propósito escrevendo quais são as coisas que você mais gosta de fazer. Liste tudo, observe se o que faz no seu negócio hoje está entre os pontos destacados por você. Se não estiver, verifique com cuidado como seu negócio pode estar alinhado ao seu *ikigai*. Ao conversar com qualquer pessoa, lembre-se de que não é sobre você, é sobre ela. E, por fim, seja coerente em seus atos e ao se expressar, use o tom de voz e gestos que auxiliem a sua mensagem a chegar completamente ao outro.

Que honra poder ajudá-lo nesse processo de crescimento incrível que você terá ao se propor a usar tantas ferramentas poderosas!

Conte comigo!

"

Conecte-se consigo mesmo e, então, o mundo se abrirá para você através da comunicação eficaz.

Ariana Dutra

Carla Ferreira

Olá, queridos leitores! Meu nome é Carla Renata Ferreira. Sou mãe, empresária, *coaching* e mentora de negócios. Nascida em 28 de fevereiro de 1991, na cidade de Pitanga, no interior do Paraná, atualmente resido na cidade de Toledo/PR.

Sai de casa aos 11 anos de idade, para trabalhar como auxiliar do lar em casas de família. Com 16 anos, casei-me com meu primeiro namorado e me mudei para Toledo. Eu me tornei mãe aos 19 anos e, daí em diante, os desafios só aumentaram.

Queria uma mudança em minha vida e percebi que seria a única responsável pelo meu futuro. Meu ex-esposo e eu não compartilhávamos as mesmas visões, então resolvi tocar minha vida adiante. Passado um tempo, encontrei alguém com uma visão semelhante, unimo-nos e tocamos diversos negócios de lá para cá.

carlaferreiramentora

carla.fer@edu.unipar.br

Carla Renata Ferreira

COMO IDENTIFICAR NICHOS E TENDÊNCIAS DO MERCADO ATUAL

09

Por Carla Ferreira

Algumas das tendências recentes incluem o crescimento do mercado de tecnologia e a digitalização de serviços, bem como um aumento na demanda por educação e serviços de saúde. Outra área bem promissora deve ser a das questões ambientais, e *pet shop* é uma área em expansão no momento, por isso que se deve estar se atualizando sempre com relação a tendências, momentos e necessidades.

Para identificar nichos específicos, precisamos examinar a necessidade de um grupo específico de consumidores e entender suas dores. Em seguida, podemos desenvolver soluções eficazes que possam ajudar a resolver esses problemas. As oportunidades de negócios nascem em cada problema para os empreendedores.

Empreende-dores: essas pessoas são especialistas em dores, mas onde elas veem uma dor, também enxergam oportunidades de negócios. Devemos treinar nossas mentes para enxergar as dores como oportunidades de crescimento e potencial.

É importante obter habilidades técnicas nas áreas de tecnologia, como programação, desenvolvimento de *software*, inteligência artificial e análise de dados. Considere fazer cursos on-line, certificações e participar de *workshops*. Esteja atualizado sobre as tendências do mercado: acompanhar as notícias do setor, ler *blogs* e artigos sobre o marketing digital e as tendências tecnológicas podem ajudá-lo a identificar as oportunidades emergentes no mercado e a se manter atualizado sobre as inovações tecnológicas.

Crie um portfólio dos seus projetos e trabalhos anteriores para demonstrar suas habilidades e experiências. Mostre sua capacidade de desenvolver soluções tecnológicas e apresente exemplos de trabalhos executados. As habilidades interpessoais são tão importantes quanto as habilidades técnicas. Melhore as suas habilidades de comunicação, trabalho em equipe e liderança. O trabalho em equipe é fundamental para o desenvolvimento de projetos tecnológicos, portanto, é importante que você saiba colaborar com as pessoas e se comunicar de forma clara.

Networking: participe de grupos e eventos nos setores digital e tecnológico, envolva-se em discussões on-line e esteja presente nas redes sociais. Conhecer pessoas pode ajudá-lo a encontrar novas oportunidades de trabalho e a expandir sua rede de contatos. Ninguém faz nada sozinho, observe oportunidades para fazer *collabs* e parcerias nos negócios. Não as avistando, crie-as você mesmo.

Seja versátil: para trabalhar nos setores de tecnologia e digital, é importante ser flexível e estar disposto a aprender coisas novas sempre. Esteja disposto a trabalhar em diferentes projetos e a aprender sobre novas tecnologias; desenvolver novas habilidades é de extrema importância. Nos tempos de hoje, toda informação e conhecimento podem e devem ser monetizados de alguma forma muito rápida. Se você tiver algum conhecimento em mídias digitais, facilitará muito e encurtará seus caminhos rumo à uma vida financeira mais promissora.

Nem sempre é preciso criar um produto do zero para vender, há diversos produtos digitais para os quais não são necessários tanto empenho e testes. Já são testados e produzidos, então você já tem um produto pronto para venda que possivelmente já foi testado e validado por alguém do mercado. Só aí, você já encurtou um bom tanto da sua jornada.

Porém, nem só do digital vive o homem. Talvez você não seja uma dessas pessoas com muitas habilidades no digital. Mas com certeza o básico, você, um filho, ou qualquer outra pessoa, sabe um pouco, pelo menos para fazer uma busca rápida por algum conhecimento ou informação que irão lhe ajudar muito no processo de crescimento ou busca por tendências do momento.

Lembrando-se sempre de ajustar com sua realidade para que possa ter maior domínio de seus negócios, a internet está aí para auxiliar. Mas é preciso muita força de vontade e empenho para sair da zona de conforto, que na verdade não tem nada de muito confortável. Quanto mais tempo parado, maiores são os prejuízos emocionais e financeiros.

Somente estresse e baixa autoestima, por viver deixando tudo para depois, já não valem a pena. Pode até ser dolorosa a tomada de uma decisão agora, mas, com certeza, você agradecerá muito a si mesmo pela decisão sábia e inteligente tomada neste exato momento. E aí sim terá maior prazer em desfrutar os seus resultados depois, deixando a preguiça de lado e colhendo os frutos da disciplina. Você saboreará uma vitória bem mais doce e suculenta.

Comece hoje! O seu projeto será em pequenos passos, com os quais você vai adquirindo mais confiança e começando a crescer, amadurecer e gerar confiança em si mesmo e desenvolver novas habilidades conforme for necessário.

Busque desafios: aceite desafios que possam ampliar seu conhecimento e sua experiência e busque novas oportunidades de crescimento que possam desafiá-lo a expandir suas habilidades e conhecimentos.

Seja proativo: não espere que as oportunidades caiam do céu. Seja proativo e busque ativamente essas oportunidades, mostre sua vontade de aprender e crescer dentro da empresa.

Aprenda a lidar com pressão: os mercados digital e tecnológico são altamente competitivos e rápidos, exigindo, muitas vezes, que você aprenda a lidar com situações de alta pressão e trabalho intenso.

Uma área que tem sido cada vez mais valorizada é a educação para o desenvolvimento de habilidades socioemocionais. Com a pandemia, houve uma maior conscientização sobre a importância de lidar com as emoções e de desenvolver habilidades, como empatia, colaboração e resiliência, que são fundamentais para a vida pessoal e profissional. Além disso, a digitalização da educação e a necessidade de adaptação a novas tecnologias também estão exigindo habilidades específicas, como pensamento crítico, criatividade e habilidades digitais.

O desejo de buscar e evoluir constantemente leva você a lugares que jamais imaginou. Nossa capacidade de expansão é infinita, Deus não faz distinção entre pessoas dizendo: “esta terá sucesso, aquela, não”. Isso só depende de cada um. Não busque culpados pelos seus erros, aprenda com eles e, se possível, use-os como escada para o sucesso e jamais para desculpas. Busque corrigir e aprender a cada dia, não só com seus erros, mas também com os dos outros.

Tenha visão de águia, tente ver outros lados, outras opções e oportunidades. Seja o mais autêntico possível para não ser só mais um em sua área. Mostre suas verdades e explore suas características sem medo e culpa pelos julgamentos alheios, pois é isso que lhe torna especial. É isso que vai elevar você.

Deixa eu lhe fazer uma pergunta? Quantas cópias hoje são reconhecidas no mercado e que estão decolando de vento e polpa, fazendo muito sucesso? A não ser que seja *cover* de alguém ou algo assim, e olha lá ainda, explore sua essência. O seu lado mais especial pode ser o que você tem tanto medo de mostrar para as pessoas. De fato, nem todos vão amar você, mas também nem todos irão odiar. Está tudo bem em não agradar todo mundo, faz parte. Você precisa criar resiliência e mostrar, sim, as suas verdades. Irão criticar de qualquer forma, então lembre-se de que a vida é uma passagem, e que estamos aqui para ser felizes, crescer e evoluir em todos os sentidos.

Somos filhos do Criador, e Ele fez o mundo para que seus filhos viessem se divertir e desfrutar do melhor que nos deixou. Somos parte de um grande quebra-cabeça, e tudo se encaixa em algum momento das nossas vidas. Seja o que for que esteja passando, só seja forte, resista e procure a luz, só então as coisas começam a clarear e você a entender o motivo de cada processo pelo qual você já passou ou talvez esteja passando.

Não desista, seja forte e persista! Pode parecer clichê, óbvio ou bonitinho, mas não é sobre isso, é sobre a diferença que você veio fazer e que ninguém mais fará por você. Acredite que cada um tem sua missão, e ela é somente sua. Algumas pessoas estão esperando você acordar e despertar para serem tocadas, e você aí, paralisado, com medo disso ou daquilo, da fulana ou da ciclana, sobre o que vão falar, ou como vão lhe olhar. Deixa eu lhe fazer uma pergunta: essas pessoas que tanto teme pagam seus boletos? Se a resposta for "não", então agora é sua hora! Faça o que for preciso ser feito.

Já tive muitos problemas por falta de experiência em negócios, pois iniciei achando que tinha feito o estudo perfeito, mas, na verdade, a falta de experiência me fez quebrar muito a cara, até que fui aprendendo com os erros e os vendo, depois de certo tempo, bem mais claramente, de imediato, por tantos conhecimentos e tombos. Às vezes, querendo economizar e reduzir custos, acabamos nos tornando algo muito mais caro e imensurável.

Quando vamos abrir um negócio e somos inexperientes, costumamos falhar em coisas absurdamente pequenas, pois a ignorância e a falta de experiência nos engolem inteiros. Então, as pessoas se desesperam e, muitas vezes, entram em estados depressivos e até cometem coisas horríveis, pois, sem base e estrutura, perdem a noção e se afundam em contas. Muitas vezes, o ego e o desejo de começar lá em cima, já no topo, derrubam-nos feio. Conheci pessoas que colocaram casas de familiares em negócios malsucedidos, isso é uma coisa séria e grave.

Não sabemos como cada pessoa reage a uma quebra ou um fracasso. Aprendi muito com erros e acertos, e que não podemos nos deixar abater por coisas que podem vir acontecer. Mas também digo que é, sim, possível se precaver de muitas dores com antecedência, com quem já quebrou inúmeras vezes e já se reergueu. Fé em si mesmo, realmente acredito que essa é a coisa mais importante.

Não seja impulsivo, pense com cautela antes de tomar decisões importantes em sua vida. Por isso, sempre aconselho: tenha alguém para lhe ajudar nas tomadas de decisões, como mentor.

Obrigada por ter chegado até aqui! Desejo todo o sucesso do mundo e autoconfiança para que possa seguir em frente, sempre com as melhores escolhas. Forte abraço!

"

Você nunca saberá
quais resultados virão
de suas ações. Mas, se
você não fizer nada,
não existirão resultados.

Carla Ferreira

Charlene Lacerda

Com a minha sensibilidade de identificar as necessidades das pessoas, quebrei padrões e consegui gerar resultados de forma individual, coletiva e empresarial, por meio de relacionamentos assertivos e eficazes, levando oportunidades e novos negócios a empresas e parceiros no mercado brasileiro, através de *networking* e relacionamentos assertivos.

Tenho algumas formações, entre elas: Economia, Administração e Psicodinâmica em Negócios. Sigo um viés altamente comercial, transito desde muito cedo em diversos ambientes de trabalho, entendendo a necessidade de meu público e pessoas ao redor. Aprendi a gerir processos e pessoas. Depois de diversas experiências em grandes empresas e instituições financeiras, hoje sou empreendedora, executiva de negócios, consultora e mentora de gestores e times comerciais. Entendi que nada se constrói sozinho e que viver é se relacionar.

charlenelacerdaa

+55 (11) 98957-4626

charlenelacerda

FAÇA *NETWORKING*: COMO CONHECER NOVAS PESSOAS E FAZER CONEXÕES VALIOSAS

10

Por Charlene Lacerda

Em uma sociedade com tanta concorrência, destacar-se no meio de tantas outras pessoas pode ser um desafio. E você se lembra da última vez que foi a um evento e estavam todos realizando a famosa troca de cartões? Essa troca, de fato, é muito importante, entretanto, precisa ser aplicada de maneira que se obtenha resultados significativos.

Suas conexões precisam ser inteligentes e intencionais. Ter uma rede de relacionamento ativa e estratégica é um dos maiores aceleradores de negócios, mas, no primeiro momento, não é visível ou tangível. Trata-se de um pilar importante dentro dos negócios, que precisa ser tratado com muita atenção e planejamento, como qualquer outro, inclusive com objetivos e metas estabelecidos.

Fazer *networking* pode ser uma atividade valiosa para expandir sua rede de contatos profissionais, mas também pode apresentar alguns desafios, acompanhados de algumas dificuldades comuns. Quem nunca sentiu timidez ou falta de confiança para se aproximar de novas pessoas? Pode parecer algo desconfortável ou, dependendo da abordagem, até deselegante. Você já passou por isso? Como anda a sua confiança?

O fator confiança vem acompanhado de preparação e treino. Se há ausência de confiança, isso pode dificultar a iniciativa de começar uma conversa ou se apresentar para outra pessoa e, em ambientes públicos, como eventos, festas, feiras e jantares, pode aumentar o grau de dificuldade. Conhecer novas pessoas implica em sair da zona de conforto e enfrentar o desconhecido. O medo da rejeição ou de não ser bem recebido pode ser um obstáculo para algumas pessoas.

Mas você pode optar por não fazer *networking*, continuar na zona de conforto e sofrer algumas consequências negativas em diferentes aspectos da sua vida pessoal e profissional. Separei algumas delas com as quais lido diariamente prestando consultoria e mentoria a empresários, empreendedores e grandes negócios, quando não há criação e gestão de rede de contatos.

Oportunidades profissionais perdidas: o *networking* é uma maneira eficaz de expandir sua rede de contatos e aumentar suas chances de encontrar oportunidades de trabalho, parcerias comerciais ou projetos superinteressantes. Se você não investe em *networking*, pode acabar perdendo oportunidades valiosas que poderiam impulsionar sua vida, carreira e negócios.

Falta de suporte e mentoria ao construir uma rede de contatos sólida: você tem acesso às pessoas com experiências e conhecimentos diversos. Essas conexões podem oferecer orientação, conselhos e *insights* valiosos em momentos de desafios ou tomadas de decisões importantes. Se você não se envolve em *networking*, pode perder a chance de receber suporte e mentoria de pessoas influentes e experientes, que já vivenciaram situações parecidas ou similares àquela em que você se encontra.

Isolamento profissional: o *networking* permite que você se conecte com pessoas que compartilham interesses e objetivos semelhantes. Não investir nisso, pode levar a um sentimento de isolamento profissional, fazendo com que você perca a oportunidade de fazer parte de comunidades relevantes e se mantenha atualizado sobre as tendências do setor, concorrentes e afins.

Limitação de conhecimento e aprendizado: o *networking* oferece acesso a uma ampla gama de conhecimentos e experiências de outras pessoas. Não participando ativamente, perde-se oportunidades de aprendizado e troca de ideias, o que pode limitar seu crescimento profissional e pessoal.

Restrição de oportunidades de negócios: se você é empreendedor ou está envolvido em negócios, a rede de relacionamento desempenha um papel fundamental na criação dessas oportunidades. Não cultivar relacionamentos profissionais ou pessoais pode fazer com que você perca chances de encontrar potenciais clientes, investidores ou parceiros comerciais.

Vale lembrar que o *networking* não se trata apenas de obter benefícios pessoais, mas também de oferecer apoio e recursos aos outros. É uma via de mão dupla em que todos podem se beneficiar mutuamente.

Agora você já tem uma percepção sobre algumas consequências que podem interferir no seu desenvolvimento pessoal e profissional, caso você não faça *networking*. Vai ficar aí parado ou vai colocar a mão na massa e criar a sua própria rede de relacionamentos?

Se você respondeu que vai ficar parado, vou agradecer por você ter chegado até aqui. Mas, se você respondeu que vai colocar a mão na massa e criar a sua própria rede de relacionamentos, então vamos juntos, pois sua jornada está apenas começando. Vamos lá!

Fazer *networking* de sucesso é uma habilidade valiosa que pode impulsionar sua vida, carreira e negócios. Irá abrir portas para novas oportunidades e possibilidades. Trouxe 10 princípios-chave que vão auxiliá-lo a estabelecer e desenvolver relacionamentos de *networking* eficazes e muito assertivos:

1. **Seja autêntico**: ao fazer *networking*, seja simples e verdadeiro. Mostre interesse pelas pessoas e suas histórias de forma genuína. Busque conexões reais e duradouras, em vez de apenas procurar benefícios imediatos. A autenticidade ajuda a construir confiança e torna as interações mais significativas e valorosas.

2. **Defina seus objetivos:** tenha clareza e seja intencional, isso ajudará você a focar seus esforços e identificar as pessoas certas para se conectar. Pergunte a si mesmo o que você deseja alcançar por meio desse *networking* e dessa conexão, como expandir sua rede de contatos, buscar mentoria ou explorar oportunidades de negócios em que haja reciprocidade.

3. **Cultive relacionamentos legítimos:** *networking* não se trata apenas de coletar cartões de visita ou trocar contatos, mas de cultivar relacionamentos significativos, em que ocorra reciprocidade. Invista tempo e esforço para conhecer as pessoas em um nível mais profundo. Mostre interesse genuíno por suas carreiras, conquistas, desafios e negócios. Esteja disposto a oferecer suporte e ajuda sempre que possível.

4. **Procure diversidade em sua rede de contatos:** conecte-se com pessoas de diferentes setores, culturas, experiências, níveis hierárquicos, sociais e até concorrentes. Isso pode trazer perspectivas diferenciadas, oportunidades inesperadas e uma rede mais robusta e inclusiva.

5. **Participe de eventos relevantes do seu campo de atuação:** como conferências, *workshops*, seminários, encontros profissionais e eventos sociais. Essas ocasiões proporcionam um ambiente propício para conhecer pessoas e estabelecer conexões valiosas, além de agregarem novos conhecimentos.

6. **Esteja disposto a ajudar os outros em sua rede e até fora dela:** compartilhe seus conhecimentos, experiências, vivências e conexões, quando apropriado. Ser um recurso valioso para os outros fortalece seus relacionamentos e ajuda a construir sua reputação como alguém confiável e bem conectado.

7. **Mantenha contato regular com sua rede de *networking*:** envie e-mails, convide para almoços ou cafés, ou até mesmo, conecte-se em plataformas de redes sociais pessoais e profissionais. Utilizar as redes sociais on-line pode ser um meio eficaz para conhecer novas pessoas. Participe de grupos e fóruns relacionados aos seus interesses, conecte-se com pessoas que compartilham os mesmos *hobbies* ou siga influenciadores relevantes. Existe um ditado que diz: "Quem não é visto não é lembrado." Demonstre interesse em seus projetos e conquistas, esteja presente para apoiá-los quando necessário. Curta, compartilhe, comente e vibre junto.

8. **Ingresse em grupos ou clubes que se alinham aos seus *hobbies*, interesses ou áreas de atuação profissional/pessoal:** pode ser um clube de leitura, um grupo de corrida, uma associação profissional ou qualquer outra comunidade que permita interações regulares com novas pessoas.

9. **Engaje-se em atividades voluntárias:** é uma ótima maneira de conhecer pessoas, enquanto contribui para uma causa justa e importante. Encontre organizações ou eventos nos quais você possa oferecer seu tempo e habilidades.

10. **Esteja aberto para iniciar conversas com pessoas em diferentes contextos:** seja na academia, no trabalho, em um café ou em um transporte público. Um simples cumprimento ou comentário sobre algo compartilhado pode iniciar uma conversa e criar uma conexão inicial.

Ótimo! Já vimos até aqui alguns princípios que vão lhe ajudar nesta jornada. Mas como fazer para ser notado no meio de tantas pessoas? Ser notado, inspirar pessoas e ser interessante no *networking* envolve algumas práticas que considero muito importantes. E vou começar com a frase de Dale Carnegie, escritor do *best-seller* **Como Fazer Amigos e Influenciar Pessoas**, que diz o seguinte: "Tente a sua sorte! A vida é feita de oportunidades. O homem que vai mais longe é quase sempre aquele que tem coragem de arriscar."

Então tenha paixão, demonstre entusiasmo pelo que você faz. Pessoas são naturalmente atraídas por indivíduos que têm energia positiva e mostram dedicação em relação ao seu trabalho ou interesses. Compartilhe histórias, conte experiências e vivências que sejam envolventes e relevantes sobre sua vida profissional ou pessoal. Histórias bem contadas são uma ótima maneira de criar conexões emocionais e atrair a atenção das pessoas.

Seja autêntico e genuíno, mostre naturalidade e autenticidade em suas interações. As pessoas são atraídas por indivíduos simples, verdadeiros e autênticos. Evite ser excessivamente pretensioso ou tentar ser alguém que você não é. Ouça ativamente, pratique a escuta ativa e mostre interesse de verdade pelas histórias e experiências dos outros. Faça perguntas relevantes e demonstre que você está ouvindo com atenção. Isso não apenas permite que você crie uma conexão mais significativa, mas também ajuda a entender as necessidades e os interesses da outra pessoa.

Esteja atualizado e informado sobre as tendências e novidades do seu campo de atuação. Isso permite que você participe de conversas relevantes e ofereça *insights* valiosos. Lembre-se de que o *networking* eficaz é uma via de mão dupla, na qual a colaboração e a reciprocidade são fundamentais. Seja uma fonte de valor para as pessoas com quem você se conecta e esteja disposto a aprender com elas também.

"

Viver é se relacionar.

Charlene Lacerda

Daiana Bressan

Sou Daiana Bressan, cristã de Içara, Santa Catarina, onde resido até hoje com meu esposo, Edvaldo de Oliveira, e minhas, filhas Luiza e Helena. Sou especialista em gestão por processos, consultora, assessora, mentora em processos organizacionais, fundadora da DB Gestão Consultoria e Assessoria Empresarial e voluntária em diversos projetos sociais.

Atuo desde 2006 nas práticas de gestão de processos e gestão industrial em diversos segmentos. Pós-graduada em Engenharia de Produção, com MBA em Inovação e Empreendedorismo, Desenvolvimento Humano na Gestão de Projetos, Economia Criativa e MBA em *Soft Skils*, graduanda em Ciências Econômicas e Psicanálise, durante a jornada, superei difíceis desafios e provei o quanto é possível alcançar nossos objetivos. Nada pode derrotar o propósito de quem organiza seus esforços.

daibressan.gestao
dbgestaodeprocessos
contato@dbgestaodeprocessos.com.br
Daiana Bressan
www.dbgestaodeprocessos.com.br

11

COMO OTIMIZAR TEMPO E RECURSO A FAVOR DA PRODUTIVIDADE

Por Daiana Bressan

Para ser gestor ou estar à frente de uma empresa, é preciso ter na bagagem a coragem para assumir os riscos e os desafios, ter iniciativa, desenvolver comportamentos empreendedores e, sobretudo, prezar pela organização. O Brasil é um país de empreendedores. Basta olhar ao redor para constatar quantas pessoas a sua volta têm uma empresa ou tiveram vontade de abrir um negócio. Segundo a Pesquisa Global (GEM), 2019, publicada pelo IBQP (Instituto Brasileiro de Qualificação Profissional): "Aproximadamente 25% dos adultos estão envolvidos em um novo negócio ou abriram alguma empresa nos últimos 3,5 anos."

O caminho do empreendedor definitivamente não é fácil, mas você pode se preparar para enfrentar os desafios de empreender. Gosto muito de uma frase que uma vez escutei de um pastor de uma igreja, que diz assim: "A oportunidade busca o preparo." Mas o que a oportunidade e o preparo têm a ver com a automatização dos processos?

Quando falamos de processos, estamos falando de uma série de informações por trás de cada tarefa realizada. Essas informações são números que, muitas vezes, por falta de tempo ou de conhecimento, a empresa deixa de considerar e monitorar. Chamamos esses números de indicadores.

Segundo o IBGE, em 2020, e um fato que já virou quase uma crença popular entre os brasileiros, cinco anos após a abertura, seis de cada dez empresas fecham. E por que você acha que isso acontece? É preciso ter conhecimentos básicos de gestão, planejamento, estabelecimento de metas reais, saída do ideal para a execução planejada, controle gerencial e gerenciamento de pessoas, ainda que sua equipe seja pequena ou seja apenas você.

Em uma empresa que está iniciando, sugiro que acompanhe os seguintes indicadores: volume de vendas, NPS (satisfação do cliente), *turnover* (rotatividade de pessoal), lucratividade, *ticket* médio, inadimplência, custos fixos, número de clientes e taxa de conversão. Existem outros diversos tipos de indicadores, mas é claro que você deve aplicar o que faz mais sentido para o seu negócio.

Um empresário ou um gestor deve conhecer o máximo de indicadores possível. Por esse motivo, deixo aqui mais alguns para que você pesquise, são estes: faturamento líquido; custo de aquisição de cliente (CAC); prazo médio de recebimento (PMR); ciclo financeiro; preço médio de venda (PMV); giro de estoque; *lead time* (prazo de atendimento de entrega); retrabalho ou percentual de acertos; percentual de devolução de produtos; reclamação de clientes; rentabilidade; lucro operacional; ponto de equilíbrio; grau de endividamentos; satisfação de colaboradores; taxa de absenteísmo; e treinamentos.

Monitorar indicadores de desempenho já é um ótimo gatilho para a automatização dos processos. Quando passamos a medir automaticamente, passamos a identificar problemas que afetam nosso desempenho, pontos de melhorias, oportunidades de inovação e a necessidade de deixar nossa empresa cada vez mais autogerenciável.

Vamos lá! De que forma posso automatizar meu processo? No mercado em que estamos, adotar boas práticas de gestão de processos é um pré-requisito para que a empresa se torne mais competitiva. A gestão de processos é um conjunto de ações organizadas e sistematizadas realizadas por pessoas ou equipamentos de uma organização, (não estamos falando de *softwares* ainda).

Nas diversas empresas que atendi durante minha jornada como gestora, consultora, assessora e mentora, em diversos segmentos da indústria, comércio e serviços, um dos problemas mais levantados em diagnósticos é a falha e dificuldade de comunicação. O alinhamento da comunicação entre os setores é crucial para que se tenha eficiência e eficácia durante o processo.

Exemplo: uma empresa prestadora de serviços de usinagem tem um vendedor que recebe o pedido do cliente. Ele simplesmente passa o pedido à frente, sem uma confirmação, sem prazos e com dados incompletos. Além disso, ele também não tem um retorno e nem colhe um *feedback* sobre se o pedido foi implantado ou não. Qual a chance do cliente desse pedido reclamar? Quantas falhas podemos prever que acontecerão nesse pedido?

Qual a chance de esse pedido se perder na empresa e nem ser atendido? Parece algo surreal, mas é o que acontece em muitos estabelecimentos e empresas que mal conseguem administrar o pedido em mãos. Junto a esse problema, ainda podemos ter dificuldade de delegar o que tem que ser feito, o responsável que vai executar e todas as demais tarefas que fazem parte do processo de entrada e saída do cliente.

Diga para você mesmo se identificou em sua empresa ou já trabalhou em um local onde eram perdido minutos e até horas de pessoas envolvidas porque não encontravam uma simples informação, um registro ou até mesmo um produto não listado em estoque. Vi muito disso e confesso que chegava a doer a alma ao saber que uma simples planilha e uma simples organização de e-mail ajudariam a resolver e diminuir o desperdício absurdo de tempo.

Dentro do conceito de transformação digital, a automatização de processos é a solução tecnológica para sistematizar de forma integrada, mas, ainda assim, a tecnologia não faz milagre por si só, é preciso o hábito de alimentar os dados que serão gerenciados. Hoje existem sistemas integrados com baixo investimento, sistemas nas nuvens para acesso em qualquer lugar, sistemas gratuitos para fluxos financeiros e as saudosas planilhas que podem ser usadas e compartilhadas no Drive.

Nos atendimentos que realizo, sempre disponibilizo uma planilha de registro de não conformidade para ser compartilhada no Drive, na qual todos relatam os problemas da empresa, colocam seus comentários durante o processo de ação corretiva e finalizam a ação conforme a data prevista. Foi uma forma de automatizar o processo de registro de pontos e uma oportunidade de melhoria sem que ficasse apenas na mente do reclamante, ou que fosse uma comunicação verbal que seria esquecida na próxima tarefa a ser executada.

Você não precisa ter um sistema "top das galáxias" para ter seu processo automatizado, precisa ter rotinas e hábitos de registro de dados que sejam organizados, independentemente do recurso que você tem. Lembro-me dos tempos de escola quando tinha que fazer os trabalhos em cartolina. Adotei um padrão para margem e linhas, um gabarito com o resto de outra cartolina, que apliquei durante anos de trabalho de escola. Lembro-me também de ter vários moldes para cortar: fazia o teste com a tesoura e cortava vários de uma só vez. Era uma criança aplicando técnicas de utilização de recursos disponíveis e otimização do tempo. Fui crescendo e me destacando como líder em quase tudo o que me envolvia, além de apaixonada pela gestão de processos.

É realmente simples quando você olha para sua atividade com o olhar de: "Como posso melhorar? Como posso fazer mais rápido? Como posso fazer mais rápido e melhor? Quais ferramentas posso usar para auxiliar meu processo." De forma simples, você já está entrando no processo de automatização. Com planejamento, monitoramento, aperfeiçoamento dos processos e *design*, a organização passa a aproveitar melhor seus recursos.

As principais características de uma boa gestão de processos, que diferenciam uma gestão profissional de uma gestão amadora, são:

Modelagem: a empresa define o melhor modelo de desenhar ou redesenhar seus processos, podendo ser em fluxogramas, *pops*, roteiros e manuais.

Entrega de valor: clareza na entrega que será realizada. Deve estar claro para todos os envolvidos o que a empresa entrega como seu valor para o cliente.

Documentação: com tudo documentado, caso um colaborador responsável por determinada tarefa deixe a empresa, o colaborador que assumirá, temporariamente ou de forma efetiva, terá menor dificuldade de executar a função, ainda que desconhecida por ele. Inclusive, ter os processos documentados reduz consideravelmente o custo de treinamento de um novo colaborador.

Monitoramento: é quando há indicadores para o desempenho dos processos executados, ou seja, se está acontecendo a entrega prevista por eles.

Sistematização: a própria gestão de processos é um processo e deve ser implementada com critério de antecipação de problemas e aproveitamento de melhorias.

Temos dois conceitos que se confundem dentro da gestão, mas que têm ações diferentes: gestão de processos e gestão por processos. Sim! É diferente. Quando falamos em gestão de processos, estamos nos referindo a um conjunto de práticas que desenvolve, monitora e melhora os processos da empresa. Já quando falamos em gestão por processos, é uma filosofia de organização, mexe com a cultura da empresa, que passa a funcionar a partir da interação entre os processos, a automatização das tarefas que implica em uma estruturação diferenciada, um organograma mais vertical, uma gestão mais ágil, otimizada e menor custo.

A gestão por processos caminha de mãos dadas com a produtividade, pois alguns dos benefícios das práticas de gestão processada são:

- maior qualidade em serviços e produtos, entregando com clareza o valor da empresa;

- melhor aproveitamento do tempo disponível, pois, na modelagem aperfeiçoada, um dos objetivos é o menor desperdício de tempo, como também a análise de oportunidades de automação;

- retenção de talentos, pois, com os processos mapeados, é mais fácil a identificação de perfil e a alocação dos profissionais adequados em cada função, porque a clareza sobre as tarefas aumenta a satisfação do colaborador ou de quem irá realizar a tarefa;

- redução de custos, visto que somente o aproveitamento de tempo já é uma boa maneira de economizar.

E muito importante, talvez o maior benefício, seja a facilidade e a agilidade na tomada de decisão, um processo diário do caminho do empreendedor.

Para transformar sonhos em realidade, é necessário planejamento, disciplina, foco e execução. Essas ações gerenciadas por processos bem definidos dão vida a uma lição que deixo para a reflexão: não há como derrotar o propósito de quem organiza seus esforços.

"

Não há como derrotar
o propósito de quem
organiza seus esforços.

Daiana Bressan

Daiane Pimentel

Sou Daiane Pimentel, filha de Deus, da Marli e do Dari Pimentel, irmã da Carine e da Luciane e futura esposa do Adriano Oliveira. Sou mentora de posicionamento de marcas, empresária, escritora, *coach* e publicitária formada pela Universidade Federal de Santa Maria.

Com mais de 12 anos de carreira, iniciei minha jornada em agências de publicidade no interior do Rio Grande do Sul. Fui docente universitária e consultora Sebrae/RS, onde adquiri minha paixão por ensinar. Em 2017, fundei a minha agência, a Go! Marketing de Negócios, que hoje tem atuação em todo o Brasil.

Crio marcas humanizadas e negócios com propósito. Descobri a minha missão a partir da metodologia da minha mentoria "Humanizando Minha Marca", a qual se tornou uma obra literária com lançamento previsto para 2023.

daianepimentel.go

gomarketingdenegocios

+55 (55) 99970-7065

daiane@gomn.com.br

daiane@gomn.com.br

O PODER DAS REDES SOCIAIS PARA CRIAR VALOR PARA SUA EMPRESA

12

Por Daiane Pimentel

Para iniciarmos a nossa conversa e para que você comece a entender o poder das redes sociais, vou lhe convidar para um experimento: já pensou como seria a sua vida sem as redes sociais hoje? Imagine-se em uma rotina diferente. Nela, você acordou com seu despertador analógico e não verificou as notificações do seu celular ainda na cama. Você chegou ao trabalho, interagiu com alguns colegas e não soube o que eles fizeram ontem.

Você viu um tênis de que gostou na rua, mas não foi possível pesquisar no Instagram como combiná-lo com algumas roupas. Também não assistiu aos seus vídeos e músicas preferidas no YouTube, e não se lembra dos amigos de longa data e familiares distantes, pois raramente faz uma ligação por telefone. Você e seu(sua) parceiro(a) só conversam sobre o seu dia quando chegam em casa.

Uma rotina assim, nos dias de hoje, tornou-se rara. E, embora haja benefícios e desafios associados às redes sociais, as plataformas se tornaram parte integrante da nossa vida moderna, moldando a forma dos relacionamentos interpessoais. Se hoje vivemos o grande impacto das redes sociais no nosso dia a dia, é porque passamos por uma significativa mudança em comportamento, hábitos e costumes da sociedade. Mas, se na vida pessoal é fácil observar essas transformações, por que alguns empresários têm dificuldade de reconhecer o quanto precisam se adequar a essa transformação?

Em pleno ano de 2023, após vivermos uma pandemia mundial, é inegável que as redes sociais se tornaram uma plataforma fundamental para o marketing. Além de representar a presença da marca na internet, as redes são capazes de promover a interação entre as empresas e os consumidores.

Segundo um levantamento divulgado em 2018 pelo Instituto Brasileiro de Geografia e Estatística (IBGE), sete em cada dez brasileiros estão conectados à rede. Além disso, observou-se que o uso das redes sociais no Brasil tem um viés comercial, isto é, os usuários diariamente buscam por serviços ou produtos na internet.

Por isso, as marcas hoje se veem obrigadas a enxergar o marketing de outra forma, visando se adequarem à era digital. Foi necessário reavaliarem os investimentos em mídias tradicionais, como TV, *outdoors*, revistas e jornais, e reestruturarem todo seu posicionamento de imagem para serem vistas (vistas de maneira estratégica) por meio de ações de marcas mais humanizadas e com maior alcance, promovidas por anúncios patrocinados.

Observe que nada adianta estar ali apenas presente, ou seja, ter uma conta da marca nas redes sociais, sem gerar um vínculo emocional por meio do que é postado. Vamos fazer uma associação básica para você visualizar melhor os prejuízos de não estar bem posicionado nas redes sociais.

Feed do Instagram = vitrine

Se sua empresa tem uma conta no Instagram, observe seu *feed* como se fosse a sua vitrine e responda às questões a seguir.

- Sua vitrine está sendo atrativa para a entrada de clientes?
- Sua vitrine está recebendo curtidas, comentários e mensagens de interesse?
- Sua vitrine está gerando vendas?

O que vemos em muitas contas empresariais no Instagram é o que chamo de "*feed*-panfleto", em que só se vê o produto. Não tem legenda envolvente, não aparecem as pessoas que trabalham na empresa falando sobre o produto e, muitas vezes, há somente fôlderes ou catálogos jogados em formato de postagens.

Qual a percepção de imagem que o cliente tem ao entrar nesse perfil? Falta de profissionalismo, falta de cuidado e zelo com a transformação que se propõe. Um perfil assim não gera autoridade, não comunica os valores da empresa, muito menos gera senso de pertencimento na própria equipe. Ou você acredita que os colaboradores irão marcar uma conta desatualizada e sem vida nos *stories*? Eles sequer irão lembrar da empresa.

E o mais grave, não se cria diferenciação de marca: não posiciona a empresa como a melhor do mercado (mesmo quando de fato é). Ou seja, não adianta cobrar mais caro ou barato quando a imagem não comunica essa proposta, pois não tem congruência com a realidade. Mas como utilizar as redes sociais para gerar valor de marca para minha empresa?

1 - Identifique em quais redes sociais a sua empresa deve estar

Segundo relatório de fevereiro de 2023, produzido pela parceria entre *We Are Social* e *Meltwater*, as 10 redes sociais mais usadas no Brasil em 2023 são:

1. WhatsApp (169 milhões);
2. YouTube (142 milhões);
3. Instagram (113 milhões);
4. Facebook (109 milhões);
5. Tik Tok (82 milhões);
6. LinkedIn (63 milhões);
7. Messenger (62 milhões);
8. Kwai (48 milhões);
9. Pinterest (28 milhões);
10. Twitter (24 milhões).

O que nos leva a uma conclusão fundamental: onde há concentração de pessoas, há oportunidades de negócios. Porém, atente-se: as redes mais populares em números de usuários podem não ser as mais utilizadas pelo seu público-alvo. Então, observe a faixa etária dos seus consumidores, seus hábitos e comportamentos, para identificar e decidir em quais delas alocar as suas principais estratégias de marketing digital.

2 - Poste conteúdos que geram vínculos emocionais

A venda é um processo emocional. Então, se o objetivo é a venda, os conteúdos das suas redes precisam influenciar significativamente na decisão de compra. É preciso criar um vínculo que vai além da lógica e da razão. A marca precisa gerar sentimento, que é a base de um relacionamento, uma conexão emocional.

As pessoas podem ser atraídas por produtos ou serviços que despertem emoções positivas, como felicidade, alegria ou confiança; ou mesmo que atendam às necessidades emocionais dos consumidores, como *status*, pertencimento ou autoestima.

O posicionamento da Coca-Cola, por exemplo, tem valores que remetem a diversão, felicidade e refrescância. Isso é percebido subjetivamente nas propagandas que sempre vemos momentos de alegria entre amigos e familiares, acompanhados de uma Coca-Cola. Marcas que provocam sensações no consumidor são mais atrativas e vendem mais.

3 - Firme-se na verdade e na transparência

Durante os meus mais de 12 anos de carreira como publicitária, mentora e empresária, já vivi muitas transformações na área da comunicação, principalmente, no marketing. Mas, mesmo com todas as mudanças advindas do digital, o que nunca mudou foi a solidez de um trabalho sério, com comprometimento e verdade. Por isso, ao construir o posicionamento de marcas pessoais e empresariais, sempre friso a importância da transparência e da verdade.

Mas como mostrar nas redes sociais os valores e princípios éticos da marca? Busque contar histórias. Para isso, os vídeos são os melhores formatos de conteúdo, pois são os que mais se aproximam da realidade. Textos e legendas em primeira pessoa nas postagens também conseguem expressar sentimentos mais facilmente. Quando nos deparamos com os detalhes, tornamos a narrativa envolvente. Por isso, evidencie fatos e curiosidades reais da empresa para transmitir transparência. As pessoas apreciam empresas que se posicionam, que defendem causas e que têm valores alinhados aos delas

4 - Humanize a sua marca com personalidade

Lembre-se: pessoas se conectam com pessoas. Em uma rede social, é natural desejarmos nos sentir emocionalmente conectados. Por isso, é primordial que você veja a sua marca como um ser humano. Em outro livro meu, que será lançado em breve, eu concebi o termo "humanizar a marca". A conceituação provém da minha própria experiência e estudo nessa área, com mais de 1.200 horas de atendimentos em mentorias, com alunos e clientes em todo o Brasil. Uma marca humanizada é vista como uma pessoa capaz de sentir e entender o outro.

Então, separei algumas dicas para humanizar a sua marca nas redes sociais.

- Mostre quem está por trás: revele a história da empresa, mostre quem faz acontecer. Tem sempre alguém que não conhece como a equipe construiu esse legado.

- Mostre como você trabalha: compartilhe as experiências do dia a dia, os bastidores e a produção. Desperte o interesse do seu seguidor em fazer parte desse processo, demonstrando e falando que tudo é feito por e para ele.

- Explique o porquê: o que motiva você e sua equipe a fazerem a diferença por meio da empresa? Mostre esses porquês para agregar valor e diferenciação.

Ao revelar o seu jeito de ser e fazer, você mostra personalidade e gera sentimento de conexão com as pessoas, e é isso que levará a sua marca para outro nível. Memorize a seguinte frase: o que gera identificação conecta. Por isso, a cada vez que o conteúdo gerar um sentimento de empatia e pertencimento, sua empresa dará mais um passo para a geração de valor de marca, posicionando-a como única.

5- Potencialize seu conteúdo com anúncios patrocinados

Agora, você já entendeu que o conteúdo cheio de personalidade é importantíssimo no processo de humanização da marca. Porém, a concorrência nas redes sociais atualmente é assustadora e todos estão em busca da atenção do consumidor. Por isso, é fundamental potencializar o alcance do conteúdo por meio de anúncios patrocinados: uma forma de publicidade on-line paga, a qual é possível promover seus produtos e serviços para um público específico, exibidos em plataformas, como Facebook e Instagram, para aumentar a sua audiência.

Quando planejado e direcionado corretamente, pode ser uma maneira muito eficaz de acelerar o processo de vendas. Primeiro, especifique objetivos, por exemplo: desejo levar o público direto para o meu *site* ou para o Instagram, para aumentar o número de seguidores e a conscientização sobre a marca. Esses e outros critérios são essenciais para alcançar o verdadeiro poder das redes sociais.

Mais do que usar o poder das redes, é sobre vender com propósito

E vender é sobre se relacionar com as pessoas. Conhecer, inspirar, trocar experiências e ajudar o outro por meio do nosso trabalho. Aproveite o poder das redes, da tecnologia, que nos permite estreitar laços, e humanize a sua marca. Para aprofundar ainda mais seus conhecimentos sobre marketing nas redes sociais, siga meu Instagram: @daianepimentel.go.

"

Mais do que usar o poder das redes, é sobre vender com propósito.

Daiane Pimentel

Dany Silva

Sou Danyelle Silva, natural de Montes Claros, Minas Gerais. Sou filha mais nova da Maria José e do Wilson, irmã da Dayanne e do Davidson, tia do Douglas, Bernardo, Maria, Ana, Enzo e Théo. Sou formada em Gestão Financeira, com MBA em Gestão Estratégica de Pessoas, pela FGV, Modelagem e Gestão de Processos. Atuo há mais de 10 anos ajudando pequenos empresários a gerenciarem suas empresas.

Graças a minha paixão por tecnologia, aliada à minha experiência, habilidade e *know-how*, elaborei uma metodologia que desenvolvi atendendo clientes em várias regiões do Brasil, com consultorias, mentorias e treinamentos. Minha missão é desenvolver empresas e pessoas. Todo meu trabalho e estudo são dedicados às pequenas empresas, para que sejam autogerenciáveis com processos bem definidos e com ferramentas certas para aumentar a lucratividade com segurança e sem dor de cabeça.

danyellesilvag

danyelle@danysilva.com.br

www.danysilva.com.br

GERENCIE O FINANCEIRO DA SUA EMPRESA E POTENCIALIZE SEU RESULTADO

13

Por Dany Silva

Antes de começarmos, responda-me uma pergunta: você apaga incêndio ou gerencia sua empresa? Atendo empresários de diversas regiões do Brasil e vejo muitos "brincando de empreender". Obviamente o resultado disso são empresas falindo ou gerando dor de cabeça.

Pense bem: empreender pode transformar vidas e desenvolver a sociedade como um todo. Dá trabalho? Claro! Mas vale a pena. O importante é você tomar a decisão de ser um empresário de verdade. Sua empresa precisa vender, mas, acima de tudo, precisa de gestão. E gestão financeira é o coração da empresa privada. Gerenciar uma empresa é mantê-la organizada e controlada para, cada vez mais, ter números e dados, para tomar melhores decisões, potencializar os bons resultados e diminuir tendências ruins, em vez de agir por achismo ou agir com dados. As empresas existem para dar lucro, e é isso que este capítulo vai proporcionar para o seu negócio. Vamos fazer uma faxina no setor da sua empresa. Venha comigo e se prepare para os resultados mais incríveis que você já teve no seu negócio.

Etapa 1: como funciona o setor financeiro?

Vamos organizá-lo, incluindo essencialmente:

- caixa interno: onde se recebe o dinheiro presencialmente;
- tesouraria: responsável por tomar conta do dinheiro da empresa e pagar as contas;
- contas a pagar e a receber: programação e registro dos pagamentos e recebimentos;
- crédito e cobrança: gestão dos créditos a receber.

Agora vamos conhecer três ações essenciais para colocarmos em prática.

1. Definição de cargos e funções: os cargos são as colocações que cada colaborador ocupa na empresa. Já as funções são as atividades atribuídas a essas pessoas. No setor financeiro, temos pelo menos três cargos: tesoureiro, assistente financeiro e caixa.

2. Processos: o funcionamento de uma empresa é fundamentado em processos, e o objetivo é identificar, organizar, melhorar e padronizar para:

- não precisar repassar (do zero) as atividades de um cargo quando for contratado um novo colaborador;
- garantir a autogestão da empresa: autonomia do setor, menos desgaste nas relações interpessoais, menos dependência do empresário nas atividades operacionais e menor probabilidade de erros; e
- diminuir a evasão de patrimônio intangível da empresa em relação ao conhecimento que o colaborador leva na cabeça quando é demitido.

3. Plano de contas: é o esqueleto do controle financeiro para fazermos o agrupamento de todos os lançamentos das movimentações de entrada e saída de valores. É muito importante que a estrutura do seu plano de contas seja correta e que os lançamentos estejam alocados nas suas contas correspondentes. Se já tem uma estrutura de plano de contas, verifique a necessidade de ajustá-la. Se não tem, crie.

- Recebimentos: todo valor que entra relacionado à venda.
- Custos: gastos que variam na mesma proporção que as vendas/produção. Estão diretamente ligados aos produtos/serviços, exemplos: Simples Nacional, comissão, fornecedores e taxa de cartão.
- Despesas: saída de valores que não estão diretamente ligados à venda/produção, mas que são necessários para manter a estrutura funcionando. Exemplos: salários, aluguel e energia.
- Investimentos: injeção de valor com a expectativa de lucro. Exemplos: reformas, desenvolvimento empresarial e publicidade.
- Entradas e saídas não operacionais: movimentações financeiras que não fazem parte da operação principal. Exemplos: empréstimos e juros bancários.

Etapa 2: separe as contas pessoais das contas da empresa

Quando o empresário tem o hábito ruim de misturar e utilizar as contas ou o caixa da empresa para o pagamento de gastos pessoais, a tendência é que a saúde financeira do negócio sofra muito.

Lembre-se: caixa da empresa não é caixa eletrônico. E, quando mistura as contas, você olha para a conta da empresa com olhar de pessoa física. Olhe a diferença que isso pode causar: ter 50 mil na conta da empresa pode representar somente alguns dias de caixa; já para a pessoa física, 50 mil é muito dinheiro. E como separar as contas?

a) Abra uma conta bancária separada da conta da empresa. Faça isso o quanto antes para ter clareza nos números, evitar gastos desnecessários e o uso indevido do dinheiro para custear os gastos pessoais.

b) Defina uma data fixa no mês para realizar essa retirada e defina um valor mensal. Verifique se o caixa da sua empresa suporta esse valor, se não, adapte-o à sua realidade.

c) Transfira o valor da conta bancária da empresa para a sua conta bancária pessoal.

Etapa 3: organize os caixas

Caixa interno: recebe-se dinheiro na própria empresa. Defina os detalhes do funcionamento: a) este caixa só recebe, não faz pagamento; b) mantenha um valor fixo para o troco no caixa; c) não permita que o caixa seja fechado com erros.

Cofre: onde guardamos o dinheiro dentro da própria empresa: a) aqui já é permitido o pagamento de contas; b) mantenha um valor mínimo no cofre para pagamento de contas do dia a dia; c) o responsável pelo cofre, normalmente, é a pessoa que confere os caixas.

Banco: onde acontecem as movimentações eletrônicas financeiras da empresa: a) conta de pessoa jurídica é separada da conta pessoal; b) a conta pode ser movimentada por tipos de acessos específicos, ou seja, você configura quem e o que cada pessoa poderá acessar; c) a conciliação bancária deve ser diária e os saldos entre a ferramenta de controle e o extrato bancário devem bater.

Etapa 4: defina um orçamento mensal

Contas a pagar: os gastos, como fornecedor, salário, impostos ou aluguel.

Contas a receber: são os valores das vendas atuais ou recebimentos das vendas dos meses anteriores. Aqui: a) liste a previsão das suas contas a pagar, suas vendas e seus recebimentos mês a mês, no mínimo, de três meses à frente; b) padronize no máximo quatro datas para pagamento de contas, sempre conciliando com os recebimentos; c) o controle pode ser realizado em uma planilha eletrônica até um sistema, mas todas as entradas e saídas devem ser registradas, independentemente do valor; d) não corra o risco de deixar uma conta em aberto sendo que o cliente já pagou. Cuidado!

Agora você precisa fazer o casamento entre as contas. O pagamento das contas deverá ser realizado com as vendas e os recebimentos, ou seja, utilize a sua movimentação financeira do período e evite recorrer a empréstimos ou à reserva de emergência. Essa é a mágica, quando se consegue conciliar contas a pagar e a receber, o fluxo de caixa respira, as contas se encaixam. Casando as contas, sua empresa estará mais próxima da lucratividade.

Etapa 5: acabe com os atrasos e a inadimplência

A gestão de recebíveis envolve crédito, cobrança e impacta diretamente o caixa. Assim: a) fique atento à renda do seu cliente: antes de fechar uma negociação a prazo, procure identificar o perfil e entender se a parcela caberá no orçamento dele; b) facilite o pagamento: ofereça opções de pagamento, como Pix, boleto e *link*; c) envie lembretes automáticos: nem sempre o atraso é um problema financeiro do cliente, às vezes, isso se dá por um simples esquecimento. E, se for um problema financeiro, o seu cliente tende a pagar quem "grita mais". Monte a sua régua de cobrança, escolha qual ferramenta utilizará e padronize as mensagens de lembrete e de cobrança.

Etapa 6: fluxo de caixa

O fluxo de caixa é uma ferramenta gerencial utilizada para registro de entradas e saídas de valores financeiros da empresa, por período e saldo. Nele, registramos as movimentações financeiras com a data em que foram pagas e recebidas. Portanto, temos o regime de caixa. É por meio dele que começamos a observar as vantagens e necessidades de uma boa gestão financeira. Ao utilizar essa ferramenta, a empresa analisará seu histórico e realizará previsões de cenários ruins para soluções antecipadas: a) o plano de contas é a primeira parte para se ter um fluxo de caixa estruturado e pronto para as análises; b) lançamento diário: uma das rotinas principais para o seu fluxo de caixa gerar resultados sólidos são os lançamentos diários que você aprendeu na etapa 3: separação de caixas; c) nas etapas 4 e 5, você aprendeu a fazer o levantamento de contas a pagar e a receber, conciliar as contas e realizar cobranças. Para que o fluxo de caixa seja realizado, é importante que esses itens estejam atualizados.

O consolidado de todos os lançamentos registrados na sua ferramenta de controle deve resultar em um resumo de todas as entradas e saídas no período:

seu fluxo de caixa. Esta estrutura servirá tanto para os valores realizados quanto para os valores a serem realizados:

Plano de Contas	Fevereiro	Março	Abril
Saldo Inicial	R$ 231,00	R$ 1.137,00	R$ 1.487,00
(+) Recebimentos	R$ 10.354,00	R$ 12.394,00	R$ 16.500,00
(-) Custos	R$ 4.987,00	R$ 7.439,00	R$ 8.987,00
(=) Margem de Contribuição	R$ 5.367,00	R$ 4.955,00	R$ 7.513,00
(-) Despesas	R$ 3.581,00	R$ 3.495,00	R$ 4.645,00
(=) Lucro/Prejuízo Operacional	R$ 1.786,00	R$ 1.460,00	R$ 2.868,00
(-) Investimentos	R$ 580,00	R$ 760,00	R$ 1.290,00
(=) Lucro/Prejuízo Operacional após Investimentos	R$ 1.206,00	R$ 700,00	R$ 1.578,00
(+) Entradas Não Operacionais	R$ 100,00	R$ -	R$ 50,00
(-) Saídas Não Operacionais	R$ 400,00	R$ 350,00	R$ 300,00
(=) Resultado Líquido	R$ 906,00	R$ 350,00	R$ 1.328,00
Saldo Final	R$ 1.137,00	R$ 1.487,00	R$ 2.815,00

De cara, conseguirá analisar os números de acordo com o recebimento. Ou seja, a relação de quanto cada conta representa em relação às entradas para identificar as contas mais significativas.

Por exemplo, custos/recebimentos: R$ 8.987,00/ 16.500: 54%.

Esse número representa que, de todo o dinheiro recebido, 54% foi para pagar os custos. A partir das análises, você tomará decisões mais assertivas, qual ação trará mais lucratividade: melhorar precificação, vender mais, buscar novos fornecedores; ou, até mesmo, quais gastos deve-se cortar.

Agora é com você! Comece hoje mesmo a organizar a empresa e volte aqui para dar o *check* no que foi concluído:

- separação de contas PF e PJ; ☐

- separação dos caixas e registro de tudo que entrou e saiu; ☐

- previsão de contas a pagar e a receber; ☐

- gestão de recebíveis; ☐

- gerenciamento do fluxo de caixa; ☐

- descrição dos cargos e detalhamento das atividades. ☐

Se você aplicou cada tarefa, o financeiro da sua empresa está organizado e conseguirá ter clareza nos números. Parabéns por se preocupar com sua empresa! É impossível ter sucesso nos negócios sem dominar as finanças. Ainda tem dúvidas? Mande um e-mail para (danysilva@danysilva.com.br).

Para potencializar ainda mais os seus resultados, conte com a ajuda de quem já tem um método validado. Uma mentoria associada a uma boa ferramenta de controle e mapeamento de processos, sem dúvida, elevará sua empresa para outro nível. Conte comigo nessa jornada! Foi ótimo estar com você até aqui! Até os próximos passos! Abraços empolgados e sucesso!

"

Não importa o tamanho da sua empresa, a gestão financeira vai mudar os seus resultados para melhor.

Dany Silva

Drielly Schmor

Sou Drielly Schmor, natural de Nova Venécia, Espírito Santo, e resido em Vitória, capital capixaba, mas, como parte da geração nativa digital, sigo conectada com o mundo. Sou graduada em Comunicação Social - Publicidade e Propaganda, profissão que exerço com paixão. O universo da comunicação e dos negócios me entusiasma, especialmente quando relacionado a estratégias criativas e inovadoras.

Já acumulo mais de 10 anos trabalhando com comunicação pública e privada, participando de grandes campanhas publicitárias. Como empreendedora, ajudo negócios, desde pequenas empresas a multinacionais, utilizando minha capacidade para análises e *insights*, focada sempre em fazer uma entrega pulsante e estratégica para gerar resultados. Sou uma entusiasta do conhecimento. Acredito que na vida todos nós transitamos entre as posições de mestre e aprendiz e que o conhecimento é a chave para a liberdade e o sucesso.

+55 (27) 99889-5054

driellyschmor@gmail.com

Drielly Schmor

INVISTA EM EDUCAÇÃO PARA APRENDER E SE DESENVOLVER

14

Por Drielly Schmor

Conhecimento é poder. A informação é libertadora, capaz de mudar histórias de vida. O mais curioso é que aprendi isso sendo filha de pais semianalfabetos e num ambiente que pouco me possibilitava ter acesso à educação.

O ano era 1994. Nasci num sítio isolado no interior do Espírito Santo, sem vizinhos próximos, longe de tudo. Era a primeira filha de um jovem casal de agricultores de origem humilde, que pouco sabiam ler e escrever. Era uma região tão isolada que a energia elétrica chegou somente nos anos 2000, quando eu tinha 7 anos.

Aprendi a trabalhar duro desde cedo. Na roça, os filhos já nascem sabendo que precisam ajudar. Desde pequena, aprendi a me virar sozinha, a plantar, colher e cuidar dos animais. No entanto, mesmo naquele silêncio da vida na roça, eu era uma menina comunicativa, curiosa e criativa. Encontrava companhia com os bichos: vacas, porcos e galinhas, com quem conversava. Eram as minhas únicas audiências. Devo muito a eles pela paciência.

A primeira grande alegria da minha vida foi quando chegou o momento de me matricular na escola. Ah! Lembro-me da sensação de euforia em finalmente conhecer pessoas novas, aprender a ler e descobrir o mundo que existia além daquilo que conhecia até então. Deparei-me com muitas barreiras para estudar. A escolinha era longe, acordava às 5h da manhã, ajudava a cuidar das vacas e depois caminhava sozinha por quilômetros, numa estrada de chão batido e, depois, tinha que voltar correndo para ajudar meus pais na plantação.

Quando chovia, não tinha aula porque o acesso era difícil. A escola era unidocente, isto é, um formato no qual uma única professora dava aula para 4 turmas ao mesmo tempo, numa mesma sala, onde ela dividia atenção entre as séries, cuidava da limpeza da escola e cozinhava nossa merenda.

Diante dessa informação, você já pode imaginar a dificuldade que era encontrar uma professora que topava sair da cidade para ir dar aula nessas condições, não é mesmo? Mesmo com todas as barreiras, eu não desanimava. Ao contrário de muitos colegas, que tinham uma realidade parecida com a minha e eram vencidos pelo cansaço de conciliar o trabalho no campo com a escola, tornei-me uma aluna exemplar.

Eu era tão interessada pelos estudos, que me desenvolvia rápido e, em pouco tempo, tornava-me uma ajudante da professora, auxiliando meus colegas nas tarefas e esclarecendo dúvidas de assuntos que já tinha aprendido. Mas havia um problema: a escola só tinha até a 4ª série do Ensino Fundamental. Corria o risco de ter que parar por ali, no ponto em que meus pais também pararam de estudar. Minha mãe sonhava em ir morar na cidade para que eu tivesse a oportunidade de ter uma vida diferente da dela.

Deus providenciou a realização desse sonho. No entanto, foi na cidade que descobri as dificuldades enfrentadas por minha mãe por não ter estudado. A falta de conhecimento é um empecilho para o acesso às oportunidades. É essa lição que quero deixar como contribuição para esta obra e para todas as pessoas que desejam ter sucesso em seus sonhos e projetos: invista em sua educação.

Se você deseja começar um negócio bem-sucedido, o primeiro investimento que deve ser feito se chama conhecimento. Coloque isso como prioridade número 1 no seu plano de negócios. Investir em conhecimento, além de ajudar você a poupar tempo e dinheiro, será um investimento que lhe renderá juros eternos.

No mundo acelerado dos negócios, ser um empreendedor bem-sucedido requer mais do que apenas habilidades técnicas e conhecimento específico. É fundamental investir em sua educação de forma contínua, buscando aprimorar suas habilidades e ampliar seu repertório cultural.

Algumas dicas práticas para você se tornar um aprendiz constante, desenvolvendo-se como empreendedor e alcançando novos patamares de sucesso.

1. Seja autodidata

Em primeiro lugar, ser autodidata é uma característica essencial para todo empreendedor. O mundo está em constante evolução e, para acompanhar essas mudanças, é necessário ter iniciativa própria para buscar conhecimento além dos limites convencionais.

Assuma o papel de protagonista na sua educação, seja curioso e busque aprender sobre diferentes áreas e assuntos relacionados ao seu ramo de negócio. Isso irá expandir sua visão de mundo e proporcionará novas perspectivas para suas tomadas de decisão. Aproveite o vasto universo on-line. A internet é uma fonte inesgotável de conhecimento, repleta de cursos on-line, tutoriais em vídeos e inúmeros formatos.

2. Leia muito

Uma das formas mais eficientes de continuar aprendendo é por meio da leitura. Dedique parte do seu tempo para ler livros, artigos, *blogs* e qualquer outro tipo de conteúdo relevante para o seu campo de atuação. A leitura não só lhe fornecerá conhecimentos técnicos, mas também contribuirá para a formação de um repertório cultural sólido. Por meio dela, você poderá explorar diferentes épocas, contextos e perspectivas, enriquecendo sua capacidade de compreensão do mundo e alimentando sua criatividade.

3. Esteja aberto a novas experiências

Participar de eventos, conferências e *workshops,* relacionados ao seu setor de negócios, é uma excelente maneira de se manter atualizado e estabelecer *networking*. Conhecer pessoas com diferentes experiências e histórias pode ser uma fonte valiosa de aprendizado. Trocar ideias e experiências com outros empreendedores pode abrir portas para parcerias, novos projetos e oportunidades de crescimento.

4. Faça cursos e capacitações

Há uma infinidade de opções disponíveis atualmente, desde cursos presenciais até plataformas on-line de ensino. Identifique as lacunas em seu conhecimento e busque por cursos que possam preenchê-las. Lembre-se de que a educação formal não se limita apenas a diplomas universitários, certificações e cursos especializados também podem ser uma excelente maneira de adquirir novas habilidades.

5. Autodesenvolvimento é fundamental

Além de se aprofundar em conhecimentos técnicos, não negligencie seu desenvolvimento pessoal e autoconhecimento. Aprenda sobre inteligência emocional, liderança, comunicação eficaz e outras habilidades que são essenciais para o sucesso nos negócios. Livros, palestras e *workshops* podem fornecer *insights* valiosos nessas áreas.

6. Exponha-se à cultura

Aproveite a riqueza cultural que existe à sua volta. Visite museus, exposições de arte, peças de teatro e concertos. Assista a filmes e documentários que abordam questões sociais e econômicas. Viaje sempre que possível, mergulhando em diferentes culturas e conhecendo novas perspectivas. Essas experiências enriquecedoras contribuirão para sua visão de mundo e sua capacidade de inovação.

7. Transforme os estudos em um hábito

Lembre-se de que a aprendizagem contínua requer disciplina e consistência. Estabeleça metas de aprendizado, defina objetivos claros e mensuráveis. Crie um cronograma para sua aprendizagem, dedicando um tempo consistente todos os dias, para estudar e se aprimorar. Lembre-se de que o progresso contínuo é construído por pequenas ações diárias.

8. Ensine o que aprendeu

Adote um estilo de vida de generosidade e não esqueça de compartilhar seu conhecimento com os outros. Ao ensinar o que aprendeu, você solidifica seu próprio aprendizado e contribui para a comunidade empreendedora. Participe de eventos, palestras ou *workshops*, seja como ouvinte ou como palestrante. Compartilhe suas experiências em artigos de *blogs* ou nas redes sociais.

9. Coloque o aprendizado em ação

Não negligencie a importância da prática. A teoria é fundamental, mas é na aplicação do conhecimento que você realmente aprende e se desenvolve. Experimente novas estratégias, coloque em prática o que aprendeu e esteja aberto ao aprendizado contínuo. Aprenda com seus erros, ajuste sua jornada e siga em frente.

10. "A educação é o poder das mulheres" (Malala Yousafzai)

Essa é uma dica extra de mulher para mulher. Ser mulher multiplica alguns desafios, logo, a educação é uma ferramenta libertadora para muitas vulnerabilidades que podemos nos deparar ao longo da vida. Não abra mão desse poder. Hoje me dou conta de que, mesmo nascendo num ambiente difícil, de poucas oportunidades, eu já era uma menina que tinha uma mente inquieta e um espírito cheio de ambição. Desde cedo, percebi que o caminho para o sucesso não seria fácil, mas estava determinada a enfrentar qualquer desafio que surgisse em meu caminho.

Consegui perceber que a chave para alcançar meus objetivos estava na minha educação e que o aprendizado contínuo é a base para o crescimento pessoal e profissional. Por isso, decidi fazer da busca pelo conhecimento uma prioridade constante. À medida que fui investindo em minha educação, passei a notar um crescimento significativo na vida pessoal e profissional. Esse é o efeito do aprendizado contínuo: sua confiança aumenta, suas habilidades se aprimoram e sua visão se expande.

Seja um entusiasta do conhecimento! A curiosidade em aprender levará você sempre aos melhores lugares e oportunidades. O sucesso depende mais do esforço que do talento. A verdade é que a maioria das pessoas que se destacam investem muito mais no esforço do que na confiança de ter um talento natural. Mudar a mentalidade é a primeira coisa que precisamos fazer para alcançarmos nossos sonhos e objetivos. Vença pelo esforço! Na sua área de atuação, no seu negócio e na sua educação. Entenda seu limite e encoste nele.

Sou uma sobrevivente. De lá para cá, lutei muitas batalhas, nada incomuns, se você é de uma origem humilde e entra numa jornada de busca pela mudança da sua realidade e da sua família. Já quis desistir dos meus sonhos, mas a vontade de vencer foi maior. Ontem, eu era a menina que tinha poucas chances na vida, mas que se agarrou com toda força em cada uma delas. Sou filha de pais semianalfabetos e me tornei a mulher que está construindo uma nova história por causa da educação.

Espero que esta leitura lhe encontre e traga junto uma dose de motivação. Se ela tiver contribuído de alguma forma para a sua reflexão, terá cumprido sua missão. Trabalha e confia. Sucesso na sua jornada empreendedora!

"

Se você deseja começar
um negócio bem-sucedido,
o primeiro investimento
que deve ser feito se chama
conhecimento.

Drielly Schmor

Elce de Oliveira Sutano

No ramo jurídico há mais de 30 anos, advogada, professora e consultora, sempre lidei intimamente com problemas pessoais, identificando bagagens emocionais e falta de autoconhecimento que revelavam os motivos propulsores dos problemas trazidos a mim para serem legalmente resolvidos.

Entendi que, na maioria das vezes, mesmo um processo judicial chegando ao final, aquele indivíduo não era em nada transformado em sua essência humana. Assim, decidi transformar a experiência que havia adquirido no meio jurídico, atendendo pessoas com os mais variados conflitos, que, na verdade, eram internos e não legais, e acabavam afetando-os em sua própria essência, motivo pelo qual passei a buscar mais conhecimentos para encontrar como multiplicaria minha experiência. Com isso surgiu a SOS Elce Mentoria. Estarei sempre à disposição para conversar com você!

sos.elcementoria

+55 (19) 99320-4669

elceoliveira@hotmail.com

Elce Sutano

ENCONTRE SUA PAIXÃO E DESCUBRA O QUE REALMENTE LHE MOTIVA

15

Por Elce de Oliveira Sutano

Quem disse que seria fácil, mentiu! Então, engula o choro e decida pela sua transformação, pois você é um ser finito. Por muitas vezes, você vai deixar de acreditar em si, vai cair na zona de conforto, e a paixão e a motivação de seguir já não existirão. Mas faça uma pergunta a si mesmo: se este fosse o último dia da sua vida, você estaria satisfeito com o que fez em sua jornada?

Se a sua resposta for não, então está na hora de mudar a direção e buscar em si mesmo forças para continuar. Você é único, então pense em quem quer se tornar, qual é o seu propósito individual e quais são as motivações que lhe impulsionam para realizar renúncias, romper limites e não desistir.

Ative e desperte o seu ser, cave bem fundo e encontre o agente que ativa o seu interesse em partir para um padrão incrivelmente alto e, ainda, que faz você ter disposição para abandonar as suas desculpas e que te leva a estar em movimento para encontrar o caminho, pois foi ativado para ganhar as batalhas, para não parar por nada e para não desistir.

Seus propósitos individuais definem o porquê você faz o que você faz, mas é a sua motivação que lhe dá motivos para ressignificar a sua vida. Se lhe apresentam os motivos para chegar aos resultados estabelecidos, a motivação mata as suas limitações e lhe dá sentido para prosseguir e não desistir. Tenha sempre em mente o que lhe faz começar. O caminho rumo ao seu propósito é a coragem, mas o que não lhe deixa desistir é a motivação.

Entenda que o seu motivo de agir, o que chamamos aqui de motivação, deve ser pessoal e muito bem definido, até porque o processo, que chamamos de caminho e que o levará ao resultado estabelecido, exigirá renúncia, sacrifício, dedicação, tempo e determinação. E é necessário que seja trilhado de forma constante, consistente e com comprometimento.

Dessa forma, as ações a serem praticadas em busca do resultado definido como alvo devem ser realizadas com paixão, ou seja, de forma intensa, com forte entusiasmo e com um desejo forte de realização. Isso demonstra que existe ali uma grande motivação, pois tais ações refletem que quem as está praticando está empregando o seu melhor e não se prendeu às possibilidades. Limitar suas ações pelo que é possível é falir seu processo, invalidar suas ações e se contentar com o fracasso, desistindo de trilhar o caminho.

É importante ter sempre em mente que desistir é o que torna alguém fracassado, porque fracasso não é não chegar ao alvo, mas desistir na primeira adversidade que você encontrar, pois, que fique claro, as adversidades virão e, se você tem apenas metas traçadas e não tem motivação para realizá-las, nesse momento, com certeza, irá desistir.

Isso ocorre, porque você não tem motivos para continuar, porém, quando está motivado, age como uma seta lançada, que nem sempre vai atingir o alvo na primeira vez, mas isso não traz a desistência ao arqueiro, não o impede de lançá-la novamente, e novamente, e novamente, até chegar ao resultado esperado. Para isso é que se torna necessário que todas as nossas ações sejam motivadas. Se aqui cabe uma sugestão, quando encontrar com adversidades que lhe trarão naquele momento uma derrota, imediatamente ressignifique seu processo, motive-se ainda mais, tire lições do momento, mude a rota e, principalmente, não assuma posição de vítima, pois esse é um caminho de difícil retorno.

Motivar-se no caminho, nas adversidades e em derrotas é conseguir mapear o caminho, mesmo com novas rotas, é ver a grandiosidade em pequenas vitórias, é ter atitudes mais definidas e se manter firme no dia a dia, além de se livrar de velhos hábitos que impediam o crescimento planejado. Resumidamente, é se aplaudir de pé por não estar passando pela vida sem deixar um legado, uma biografia que será esquecida a qualquer momento, mesmo pelos mais próximos.

Que fique registrado que, para ter motivações que não vão lhe deixar desistir, é necessário filtrar e depois se livrar de tudo aquilo que está na mente, no coração, nas atitudes e nos maus hábitos, que pode ser adjetivados como lixo e que foi amontoado há muito tempo dentro de cada um, sem que tenha trazido qualquer resultado positivo para o indivíduo que o acumulou. Esse lixo precisa ser reciclado, seja ele traduzido em pensamentos, atos, palavras ou na falta de qualquer um deles.

Somente com esse expurgo o seu processo de autoconhecimento, de busca, de encontro com seu propósito, de mudança de hábito e de estabelecimento de missões a serem realizadas em busca do resultado poderá tirar de você a condição de miserável e, no lugar, serão protagonistas os motivos que terá para agir.

Realizar ações com motivação, é como ter lucidez para traçar o caminho e definir o porquê trilhá-lo. A motivação descoberta com propósito definido traz luz e nos torna agentes e gestores da própria vida, da mente e dos sentimentos, permitindo que o planejamento do processo seja gerido pela visão clara que passamos a ter. E como gestores, os resultados são atitudes tomadas, e ações praticadas terão origem no eu e deixarão de ser controladas pela razão de ser de outros indivíduos. Passamos, então, a olhar para dentro e encontrar motivos pessoais e necessários para seguirmos sem sermos controlados por fatores externos e que não se identificam mais com a razão da essência do ser que nos tornamos.

Viver com motivação torna o estar vivo mais claro, sendo assim, com a noção de finitude. E é a partir daí que tudo passa a ser realizado com paixão, de encontro, virão resultados não pessoais, mas exemplos a serem seguidos e experiências a serem multiplicadas e ecoadas para o mundo, a fim de serem acrescentadas na vida de outras pessoas, pois só tem propósito pessoal, quem se dispõe a ter realizações motivadas para beneficiar pessoas, porque, ao contrário disso, somente o que é procurado é o sucesso.

Quando há busca por motivação pessoal, há uma necessidade de alinhamento entre mente e corpo, sem perder a referência da essência individual que lhe tornou um ser único, sendo que tal motivação precisa definir você, sem suposições a respeito do ser, sem incertezas de onde se quer chegar, mas com clareza e fluidez, pois com a perda de referência e a falta de alinhamento entre a mente e o corpo, com certeza, trará a você dores emocionais e difíceis de serem tratadas.

A falta de experiência pessoal, na busca da sua motivação para não desistir, trará incertezas, e sua visão pode deixar de ser clara, ou seja, a motivação que foi criada pode ser transformada no motivo da sua desistência. Lembre-se de que a motivação é o motivo para a ação e, se ela não for pessoal, de quem ela pertencer, pode não estar mais presente. Sendo assim, a bússola que indicava o caminho de outra pessoa, além do fato gerador da motivação que não foi encontrada individualmente e que apenas seu reflexo era usado para manter o caminho, não irá mais refletir. A perda da visão, com certeza, predominará e a nitidez, que deve reger a motivação e a luz, que deve ser refletida através dela, será apagada. Logo, a omissão do eu trará como consequência situações que vão dificultar demais a sua jornada e lhe farão desistir.

Então, está na hora de fazer questionamentos pessoais e saber definitivamente se o que vivemos hoje e se o caminho que percorremos hoje são fruto de nosso propósito e de nossa motivação individual. Para isso, atente-se às ações praticadas, verifique se, durante o processo, as ações foram realizadas de forma apaixonada e se há motivação para o alcance do resultado. E, para isso, verifique se:

- tem um sorriso estampado no rosto;

- dá desculpas e terceirização de culpa;

- faz sentido agir;

- o que se tem de melhor está sendo empregado nas ações praticadas;

- houve reconhecimento de limites e realização de processos para ultrapassá-los;

- quando questionado, as respostas foram diretas e fundamentadas, com explicação perfeitamente clara;

- não houve a omissão do eu, com a transferência de responsabilidade por ações pessoais;

- ações são praticadas com disposição;

- há movimento constante para a realização dos propósitos;

- há fortalecimento pessoal de corpo e mente;

- tudo é feito com paciência, esperança e entusiasmo.

Analisando os pressupostos citados, há o entendimento de que ações estão sendo realizadas por motivos pessoais, e a motivação que se projetou para determinar o agir é a que faz sentido e deve ser utilizada na esfera e no momento. Sempre tenha em mente que poder não é só querer, mas é realizar o melhor a cada dia, com coragem para começar e motivação para continuar, com foco na realização das missões que definiu para a realização de seu propósito, sendo este buscado e reconhecido como notadamente pessoal, claro e definido. Por isso, há processos efetivamente planejados e estabelecidos, e tudo isso é movido por uma motivação estabelecida com lucidez para se obter resultados que foram vistos, que se acreditam realizáveis, antes mesmo de os ter atingido.

E aí? Deu tempo de engolir o choro? Então, agora é se motivar para praticar suas ações, incentivar seus movimentos na busca pelos resultados que pretende ter, para se fortalecer na caminhada, para não desistir do processo que estabeleceu e para encontrar o seu propósito. E, se precisar de ajuda, não tenha problemas em pedir. Acene para @sos.elcementoria e venha aprender a se conhecer para crescer, através de propósitos definidos e reconhecimento da motivação que lhe trará luz para atingir os resultados.

"

Está na hora de entender que é preciso deixar de ser uma pessoa que tem interesses e passar a ser alguém que se tornou interessante.

Elce de Oliveira Sutano

Elenice Pereira

Sou Elenice. Faz um tempo que estou percorrendo o caminho para o que é essencial para mim. Nessa jornada, pude reconhecer algumas características que hoje me ajudam a descrever o que sou: uma potencializadora de transformações, alguém que nutre e fortalece o melhor das pessoas para, em seguida, ajudá-las a se comunicarem com o mundo.

O autoconhecimento e a espiritualidade despertaram em mim a intuição e a escuta, principalmente daquilo que o meu coração diz. E é a partir dessas percepções, que hoje ajudo pessoas a reconhecerem suas essências, manifestá-las e as expressarem por meio da comunicação verdadeira e do marketing consciente. Gestora, com uma postura acolhedora e observadora, ajudo pessoas a reconhecerem e comunicarem a sua essência.

gaiagestaodenegocios

elenicp

+55 (11) 99731-3397

elenicp@yahoo.com.br

Elenice Pereira

MARKETING CONSCIENTE

16

Por Elenice Pereira

Vivemos em uma era em que a comunicação desempenha um papel significativo. O marketing consciente busca promover valores positivos e bem-estar, indo além da simples venda de produtos, buscando estabelecer uma conexão genuína entre a marca e o consumidor, baseada na transparência e na ética. Neste mundo cada vez mais digital, o marketing consciente desempenha um papel fundamental em construir relacionamentos autênticos.

É a oportunidade para marcas se conectarem de maneira genuína, compartilhando valores, propósitos e inspirando ações positivas. A transparência é essencial. Ao compartilhar informações sobre práticas sustentáveis e processos de produção, demonstra-se seu compromisso, permitindo que conheçam o que está por trás dos produtos e escolham marcas alinhadas com seus valores.

Por meio de conteúdo relevante, com dicas práticas e informações inspiradoras, as marcas podem influenciar positivamente o comportamento de consumo, além de educar e conscientizar sobre o consumo consciente. O foco está em construir clientes leais. Através do compartilhamento de histórias autênticas, interações genuínas e respostas rápidas, podemos fortalecer o relacionamento, criando uma base sólida de confiança e fidelidade. É uma oportunidade de construir uma presença significativa, um convite para as marcas se conectarem de forma autêntica e se inspirarem.

Os princípios que diferenciam o marketing consciente:

• Clareza de conteúdo: a comunicação deve ser clara, simples e transparente. Quando nos comunicamos com o nosso cliente, nada deve ser escondido e devemos provar os valores que ele procura.

• Consciência: comunicar as dificuldades e mostrar empatia pelas pessoas em primeiro lugar, para depois compreendermos melhor as suas marcas.

• Ética: ao desenvolver marketing consciente, precisamos ter atenção e responsabilidade com o conteúdo que estamos divulgando, além de envolver o cliente sempre nesse processo. As iniciativas devem ser intencionais, com base num compromisso verdadeiro.

• *Slow content*: todo o conteúdo publicado tem um propósito, uma intenção. Caracteriza-se pela menor frequência de publicação.

E como funciona o marketing consciente na prática?

Trata-se de um modelo de marketing que escuta e conhece as necessidades e desejos do seu cliente, traça um plano de ação e atua com base nos valores partilhados. Marcas que implementam o marketing consciente na sua estratégia de negócio não focam somente na venda dos seus produtos e serviços, mas também na mudança do mundo, com um propósito.

Os clientes sabem que, ao comprar, não estão somente comprando um produto ou serviço, a sua compra tem um significado de valor; ao mesmo tempo, as marcas criam relações mais autênticas e genuínas. E, ao divulgarem a sua oferta com honestidade, transparência e partilhando a sua mensagem com amor, coragem e esperança, criam um movimento ao qual as pessoas sabem que pertencem, pois partilham dos mesmos ideais.

A necessidade de abandonar o ambiente exaustivo e tóxico da internet (sobretudo das redes sociais) tem trazido o consumo consciente de informação para reflexão. O marketing pode ser redescoberto para chegar à sua essência: a conexão e o relacionamento de pessoas para pessoas. E, sim, podemos nos comunicar no meio digital de forma saudável, ao nosso ritmo, dentro dos nossos termos e valores e ter resultados.

Como se comunicar em tempos difíceis?

Temos testemunhado tempos difíceis, em que o ódio, o medo e a guerra têm sido as palavras do dia a dia. E não adianta fingir que esse é um problema do povo ucraniano e taparmos os olhos para tudo o que está acontecendo, pois acredito que podemos tomar ações e usar a nossa voz para fazermos diferente. Então, como posso me comunicar de forma efetiva e estratégica nestes tempos?

É difícil mudar todo um sistema, mas acredito que pequenos passos no nosso mundo podem ter impacto e contribuir para uma sociedade mais humana. Por isso, seguem algumas dicas de posicionamento e comunicação que poderão fazer a diferença nestes tempos.

• O amor deve prevalecer: partilhe essa mensagem de cuidado e ajuda com seu público. Lembre-se de que não estamos aqui no digital somente para vender e partilhar a nossa oferta, mas também para servir as nossas pessoas, ouvi-las e ajudá-las.

• Usar o seu tom de voz para transmitir empatia e generosidade: ainda que o seu discurso seja mais assertivo e provoque a mudança, lembre-se de que nesse momento mais vulnerável, será melhor um tom mais *soft*.

• Passar uma imagem humana, mas confiante: mais do que nunca, as pessoas buscam confiança num futuro melhor. Ter alguém em quem possam confiar e contar, nos momentos mais difíceis, dá uma sensação de conforto e esperança, mas também de coragem.

A comunicação é uma ferramenta poderosa que podemos usar para dar voz à nossa mensagem, mas ela tanto pode ser utilizada para espalhar empatia e amor, como pode ser utilizada para julgar e tomar uma atitude de indiferença. Por isso, reflita e use-a sabiamente.

Como diferenciar a sua marca?

Muitas vezes, no processo de desenvolvimento de uma marca pessoal ou de uma ideia de negócio, achamos que não vale a pena seguirmos com a nossa ideia porque já existem mais profissionais fazendo o mesmo e, ainda por cima, com mais experiência.

Na verdade, existe espaço para todos, e o que vai diferenciar a sua marca é trazer a sua visão única. Pense comigo: se é único, enquanto ser individual, você acha que a sua ideia será passada da mesma forma para o outro profissional, mesmo com mais experiência? Não, claro que não! Aliás, existem muitos ditos profissionais por aí copiando o trabalho dos outros, no entanto, nunca o farão da mesma forma, porque cada um irá se comunicar e se conectar com o seu público de forma diferente.

Então, o que faz com que uma marca se diferencie das restantes? Humanização. Sim, o que diferencia a sua marca das restantes é a humanização, ou seja, a capacidade de se conectar com as pessoas, partilhar a sua visão, os seus valores, aquilo em que acredita e defende.

E isso vai além do que partilhar vídeos e *selfies* nas redes sociais, é mostrar a pessoa e o profissional que você é. Mostrar a pessoa que está falando como uma pessoa real, que também passa por inseguranças, dificuldades e desafios, que está disposta a partilhar a sua jornada com o outro, isso é o que gera identificação.

Existem várias técnicas que podem ser utilizadas para humanizar uma marca, e uma que tem trazido bons resultados é o *storytelling*. O *storytelling* é utilizado com o objetivo de contar uma boa história que, no fim, converte-se e gera resultados de venda, mas, acima de tudo, permite contar boas histórias que geram identificação e conexão.

E é isso que vai fazer com que as pessoas sintam que fazem parte da sua marca e se tornem uma audiência fiel. Até porque, estamos tão focados no objetivo de atrair seguidores e contatos para se transformarem em clientes, que nos esquecemos que, em primeiro lugar, devemos servir e devemos entregar conteúdo de valor.

Como se tornar referência na sua área?

Este conteúdo não é sobre ostentação, mas sim sobre ocupar seu lugar no mundo com potência, sobre se permitir levar sua mensagem para mais pessoas e construir sua autoridade. A comunicação precisa acontecer de dentro para fora, respeitando sua singularidade e seu jeito de ser.

O marketing consciente deve ser feito para abraçar e existe para ser ponte entre a dor ou a necessidade de alguém. Respeitamos o tempo e o universo interno de cada um, acreditando que conexão real, humana e transformação positiva valem mais do que *likes*.

Quer saber como ser uma inspiração para o seu público?

- Compartilhe sua história: pessoas se conectam com pessoas, emoções, e não com coisas ou produtos. Sua história de vida é o elemento mais importante que compõe a sua marca.

- Tenha clareza de quem você é: sua personalidade e seu jeito de ser definem o seu tom de voz, são o que aproxima as pessoas com a mesma sintonia que você.

- Deixe clara sua visão de mundo: com o que você concorda e o que você acha que está errado no mercado atual. Deixe isso claro, e quem concorda vai se conectar com você.

- Compartilhe seus valores: os princípios, que norteiam a sua vida, precisam estar pulverizados nos temas dos seus conteúdos.

- Assuma seu posicionamento: seu posicionamento acontece no exercício de valorizar e assumir aquilo que você já é. O que você faz ganha muito mais significado e relevância quando comunica o porquê você faz o que faz.

E como seguir criativos e motivados?

Eu sinto que sempre que me reconecto com o impulso original interno, aquele que saiu do meu coração para iniciar esta jornada, resgato minha vontade e meu poder de realização. Para isso, é preciso ter clareza da essência e da raiz que me motivaram inicialmente. Já observou de onde vem sua motivação? Se de dentro ou de fora?

Três erros que lhe impedem de crescer no marketing consciente:

- achar que uma identidade visual é a solução para os seus problemas, uma identidade visual sem um trabalho de posicionamento e essência da marca;

- produzir conteúdo apenas sobre o que você acha legal: o conteúdo deve atender as necessidades, os desejos e as dúvidas do seu público, além disso, precisa ser pensado estrategicamente;

- focar a sua comunicação apenas no seu produto: fale mais da transformação e dos benefícios que o seu trabalho gera nas pessoas, desperte emoções e ajude elas a resolverem suas dores, pois uma comunicação autêntica anda de mãos dadas com nossos sentimentos, é reconhecer e expressar sua autenticidade, é se comunicar a partir do seu coração, uma jornada que lhe reconecta com sua essência e lhe impulsiona a colocar sua voz no mundo com potência.

À medida que chegamos ao final deste capítulo, é importante refletir sobre o poder transformador do marketing consciente. Vimos como vai além das estratégias tradicionais, focando no respeito ao consumidor e no engajamento social. Ao adotar o marketing consciente, as empresas podem se tornar agentes de mudança, contribuindo para um mundo mais sustentável, saudável e justo.

"

Sou uma entusiasta do marketing consciente. Com paixão e criatividade, busco promover conexões autênticas inspirando a comunicação positiva.

Elenice Pereira

Fabiana Araújo

Sou Fabiana Araújo, tenho 38 anos, sou mineira, moro em Contagem e sou mãe da Lara. Sou empresária, mentora de mulheres, *coach* e CEO da Fabiana Bordados e da Makoto. Meu primeiro emprego foi aos 16 anos, com vendas e cursos de máquinas domésticas de bordado computadorizado. Aos 17 anos, fui mãe, e a maternidade mudou minha vida. Com 21 anos, resolvi comprar uma das máquinas que vendia e comecei meu próprio negócio em casa, com o intuito de ficar mais próxima da minha filha.

Em 2016, tive um desafio para ser solucionado, que era não somente bordar os *kimonos* de luta, mas fazer isso de uma forma diferente e que atendesse as expectativas do cliente, desenvolvi um produto, e logo surgiu outra empresa, a Makoto. Em 2021, iniciei minha jornada do autoconhecimento e, desde então, venho fazendo mudanças extraordinárias, não só na minha vida, mas na vida de outras pessoas.

fabiaraujo16

+55 (31)99531-2082

GERENCIE O TEMPO E ORGANIZE A AGENDA PARA TER MAIS TEMPO LIVRE

17

Por Fabiana Araújo

Sou Fabiana, mineira, fui mãe da Lara aos 17 anos, casei-me e, com 21 anos, comprei uma máquina de bordado computadorizada, máquina que vendia, e decidi sair do emprego e me tornar empreendedora. Foi um desafio: trabalho, casa, filha, marido e o serviço de bordado aumentando. Meu pai me deu um conselho: "Compra mais uma máquina, que você vai produzir na metade do tempo." Fazia todo o sentido, porém o serviço multiplicava-se a cada compra de nova máquina.

Trabalhava mais de 14 horas por dia, estava sempre estressada, irritada e sem tempo. O casamento deu certo por 8 anos; a empresa e a sensação de que os problemas se multiplicavam cresceram; e eu me via cada vez mais sem tempo. Tentei mudar a rotina, buscava informações, métodos de gestão do tempo, gestão empresarial, mas parecia funcionar só por um período, logo voltava a uma rotina de muito trabalho, estresse, pouco tempo para a vida pessoal e o lazer, quem dirá para ficar sem fazer nada, pois achava que estava perdendo tempo, sendo improdutiva.

Em 2021, minha vida estava um caos. Eu vivia um cenário de muita dor, e me escondi ainda mais no trabalho. Estava com depressão, não me reconhecia ao me olhar no espelho e, só depois de um episódio de síndrome do pânico, resolvi procurar ajuda médica. Tomei medicamentos, mas acreditava que a minha vida não era só isso. Porém como iria mudar? Já estava cansada dessa rotina, queria desacelerar, mas todas as vezes que havia tentado tinha falhado e, então, foi assim que comecei a minha jornada no autoconhecimento.

Permita-me abrir meu coração e compartilhar minhas experiências de forma profunda e verdadeira. Não vou falar de métodos para aumentar sua produtividade, ou uma utopia, irei contar a jornada que vivi, em que diariamente faço escolhas e que hoje é um estilo de vida. Descobri que a vida não tem só 3 pilares (espiritual, pessoal e profissional), mas sim 11 pilares (confesso que me assustei ao ver 11, porém entendi que essas divisões servem para mostrar com clareza onde temos que melhorar), e tenho que viver todos eles durante a semana, porque, se eu foco só em alguns, como um jargão utilizado, "a roda da vida não roda".

A primeira lição: sou a única responsável pelos resultados da minha vida. Se a vida não está boa, a responsabilidade é minha, não culpa, mas responsabilidade, e eu sou a única capaz de mudá-la. Precisei analisar a minha história de vida: meus pais vieram do interior, tive uma infância simples, escola pública, sem muito dinheiro, mas tinha o básico. Só meu pai trabalhava, minha mãe ficava em casa cuidando de mim e da minha irmã mais nova. Muitos primos e tios, a maioria com situações financeiras melhores que a minha.

Esse olhar para minha história, sem julgamento, deu-me o entendimento de que os meus pais fizeram o melhor que podiam, o trabalho e o estresse eram um vício emocional e a raiz disso estava na minha infância, no que tinha vivido, ouvido e sentido. É assim que as crenças limitantes são instaladas. Entender e ressignificar as crenças não foi confortável, mas foi necessários para abrir a mente e fazer as mudanças necessárias para eu fazer as pazes com o tempo.

Tempo é vida. Se perco tempo, estou perdendo vida; se não cuido de um dos pilares, ele adoece. Esse entendimento de autorresponsabilidade, de crenças e de uma mudança de comunicação interna e externa foi fundamental. As perguntas que auxiliam a ter clareza: quero mais tempo para o quê? O que realmente quero viver? Como quero viver? O que tenho que mudar? Com quem me pareço quando trabalho muito? Quais são meus sonhos? Estou tendo tempo de qualidade com minha família? Estou repetindo os padrões dos meus pais?

Passei a me observar, questionar e mudar minhas atitudes, quanto perdia tempo me lamentando por um serviço que tinha dado errado. Irritada, procurava saber o que aconteceu, só depois, de cabeça fria, pensava na solução. Mudei o foco para a solução: ali no auge da emoção de um serviço errado, foquei só na solução.

De cabeça fria, analisei os resultados. Eu, como a responsável pela empresa, sou a primeira pessoa envolvida. O que comuniquei ou deixei de comunicar foi o que levou àquele erro? Quais pessoas envolvidas levaram àquele resultado? O que tenho que mudar para não ocorrer novamente? Apliquei isso na vida pessoal, foquei na solução.

Quando minha filha tirava uma nota baixa, eu ficava nervosa e xingava. Mas uma nota baixa é só o resultado de algo que não está bom. Como mãe, sou a responsável por ela e a nota não muda meu amor, não a faz menos honrada ou valorosa. Essa foi a grande virada de chave: se a nota dela estava ruim, a responsabilidade era minha também, tinha algo em que estava errando como mãe, então passei a escutá-la para buscarmos uma solução.

Agora, em qualquer situação, pessoal ou profissional, basta pensar na solução. Sou uma pessoa que perdia facilmente o foco, tinha o mau hábito de ser multitarefas, até descobrir que esse malabarismo é uma ilusão. Nosso cérebro tem cerca de 50 mil pensamentos diários e, quando mudamos de uma tarefa para outra, perdemos o *flow* e o "custo, em termos de tempo extra, para a troca de tarefa, depende da complexidade ou simplicidade do que é feito, o acréscimo de tempo pode ir de 25% para as tarefas mais simples e até 100% para as mais complexas" (frase do livro **A única coisa**, de Gary W. Keller).

Comecei a fazer uma coisa de cada vez, focada; coloquei o celular no modo avião; a tarefa que gastava maior energia para resolver eu fazia na parte da manhã. O cérebro faz tudo para economizar energia, ele é responsável por 20% do gasto da nossa energia, e a maior parte de nossas ações é tomada de forma inconsciente. Precisava dar menos trabalho ao meu cérebro, como escolher a roupa no dia anterior, manter as coisas mais organizadas, didáticas e de fácil entendimento para todos.

Sentia-me frustrada por não conseguir ser extremamente organizada e detalhista, ou por ser mais lenta para algumas tarefas, ou por ser expansiva ocupando todos os lugares vagos, isso me comparando a outras pessoas. Ao entender sobre perfis de comportamento, senti-me aliviada. Descobri os tipos de personalidades e as combinações entre elas. Parecer o que eu não era consumia um esforço enorme. Fiz mudanças no trabalho, diminuindo os espaços vagos, menos apetrechos, de forma que ficasse claro para todos ao meu redor. O que precisava de maior detalhamento deleguei como função a alguém que conseguisse fazer isso facilmente.

Comecei a ser intencional e ter tempo de qualidade com minha filha, com meus pais, meus parentes. Estar realmente presente, sem redes sociais, estar ali tomando café, prestando atenção em cada palavra, ler a Bíblia, conversar com Deus, dedicar-me aos estudos, fazer leitura, mesmo que 20 minutos por dia, precisa estar na agenda, e cumprir é minha responsabilidade.

Comecei a observar a rotina e o que poderia ser mudado. Quanto tempo gastava vendo TV, uma série ou simplesmente rolando um *feed* nas redes sociais? Assistir a filmes que edificam, escolher a música que vou escutar, ser solidária e usar o tempo ao meu favor. Fazer exercícios físicos diariamente e não me sabotar. Eu sou responsável por cada ação e cada decisão.

Na minha jornada, o mais conflitante foi diminuir o profissional, aumentar o emocional e o amor-próprio, parar e olhar para mim. O que gosto de fazer? Do que tenho medo? Quais lugares quero conhecer? Como me priorizar? Quais são os meus sonhos? Ainda assim, parecia muito vago. Três meses depois, a resposta veio quando fui comprar uma caixa de chocolate, para presentear uma amiga e, no caminho do caixa, eu me perguntei: "Por que não compro uma para mim também?". E a resposta foi rápida: "Está caro! Não vou gastar dinheiro com isso."

Naquele momento, observei meu diálogo interno e minha ficha caiu. Eu me colocava em segundo plano, fazia para os outros e não para mim. Foi tão profundo, que foram passando várias cenas em que me coloquei em segundo lugar, em que abri mão de coisas em função de outras pessoas. Não contive a emoção e chorei. Como há tanto tempo fazia mais coisas pelos outros do que para mim mesma? Como me colocava em segundo lugar? Por que dava mais valor aos outros? A louça nova era para visita e não para mim? Era mais uma crença sendo descontruída, entendi o que era me amar e como isso afetava minhas escolhas.

No momento em que escrevo, estou solteira. Fiz uma análise do quanto a falta de amor-próprio, o cuidado diário comigo, a comunicação e o excesso de trabalho contribuíram para o fim dos meus relacionamentos. Analisei quais vícios emocionais estavam ali. Agora, descobri o meu valor e aprendi a falar "não". Dedico tempo para conhecer novas pessoas, novos lugares, mas que condizem com o que quero para o meu futuro.

Você consegue perceber como tudo está interligado? Quando se altera uma atitude ou um pensamento em uma área, afeta-se outras áreas da vida? É um processo diário a gestão do tempo, não tem fórmula mágica. Existem 11 pilares para serem vivenciados durante a semana, e minha responsabilidade é fazer acontecer.

Observo o resultado da semana e vou melhorando para a próxima, adapto a minha rotina à realidade que estou vivendo naquele momento, de maneira leve, no meu ritmo, com consciência e constância. Os imprevistos acontecem, a forma como lido com eles é que faz a diferença. A jornada do autoconhecimento tem início, mas não tem fim. Cada pessoa tem seus sabotares, seus vícios emocionais e suas crenças. Pode ser perfeccionismo começar várias tarefas e não terminar nenhuma nunca, ou se sentir pronto ou capaz de fazer algo, por isso, é jornada de cada um descobrir o que lhe limita e lhe impede de ir além, não só no trabalho, mas em toda sua vida.

Eu convido você a iniciar sua jornada do autoconhecimento e se permitir experenciar. Para lhe ajudar na sua jornada, separei um material no meu Instagram, no qual explico as 11 áreas da vida detalhadamente, para você ter clareza e começar a criar sua agenda extraordinária.

"

Tempo é vida. Se perco tempo, estou perdendo vida.

Fabiana Araújo

Fabiana Vieira

Nasci em uma família com seis filhos: eu, Fabiana Fátima Vieira dos Santos, e mais cinco irmãos homens. Fomos criados por minha mãe, uma dona de casa e trabalhadora da roça, e meu pai, que, mesmo aposentado por invalidez, trabalhava como pedreiro, furava poços, morando como caseiro na roça. Pouco antes de eu completar 11 anos, redondo nós nos mudamos para o bairro Brigadeiro Tobias, em Sorocaba, São Paulo.

Foram mudanças frequentes, algo bastante prejudicial para meus estudos. Quando passei para a 4ª série, era apaixonada por policiais, admirava demais a profissão, mas, quando contei ao meu pai, por motivos que até hoje não descobri, ele não apoiou e nem gostou da ideia. Aos 13 anos, papai me incentivou a fazer um curso de corte e costura, e até hoje me lembro da minha primeira professora, Dona Domingas, que hoje, infelizmente, já é falecida.

altacostura

+55 (15) 98814-5752

www.fabianavieira.com.br

escolafa

escoladecorteecosturafabia

PERSISTÊNCIA: SUPERANDO FRACASSOS E SEGUINDO EM FRENTE

18

Por Fabiana Vieira

Aos 16 anos, comecei a trabalhar registrada em uma confecção de roupas, onde aprendi muito a lidar com várias máquinas, o que me ajudou muito na minha profissão. De 1994 a 1997, trabalhei em loja de tecidos, uma loja muito famosa na época. Saí de lá para me casar. O dono da loja me apoiou muito, e, de lá para cá, comecei a trabalhar por conta própria.

Logo no início do casamento, eu trabalhava com facção de roupas, ou seja, trabalho que as confecções mandavam para eu fazer em casa. Minha casa era cheia de sacos pretos por todo lado. Trabalhava muito para ganhar muito pouco, um verdadeiro trabalho escravo em minha própria casa.

Foi então que tomei a decisão de abrir um ateliê no centro da cidade. Na época, ia e voltava todos os dias; depois, colocando as despesas na ponta do lápis, percebi que os custos não compensavam, então resolvi alugar uma casa e vir morar de vez no centro da cidade.

Em 1999, engravidei do meu primeiro filho, que nasceu em 14 de abril de 2000. Nessa época, com 28 anos, resolvi montar um ateliê maior e comecei a confeccionar vestidos para noivas, roupas de festas e uniformes. Montei uma loja de noivas, ainda nesse mesmo período, passei por um divórcio.

Fiquei sozinha e com um filho pequeno, parei com os vestidos de noiva, continuei com o ateliê e a escola de costura, confeccionava roupas sob medida e uniformes. Trabalhava muito em busca de uma vida melhor para meu filho. Em 2004, perdi meu irmão caçula de 24 anos, vítima de uma emboscada. Um ano depois, perdi meu pai, que sofreu com um câncer de próstata. Nessa época, quem andava doente era minha mãe, mas aguentou firme a doença do meu pai, cuidou dele o tempo todo, e foi tendo forças para superar a perda do meu irmão. Minha mãe transferiu para o meu filho todo o amor que ela sentia pelo meu irmão falecido, tentando preencher o vazio.

Mas a tristeza começou a tomar conta da minha mãe após a morte do meu pai. Dois anos depois da morte dele, ela foi à pedicure para melhorar sua autoestima, e a moça tirou um pedacinho do dedo da minha mãe, o tão famoso "bife", como é chamado. Isso deu gangrena em seu pé e começaram os problemas a piorar. De casa ao hospital, do hospital à casa. Ela infelizmente perdeu a perna e veio morar comigo, aí vieram os problemas financeiros. Eu tinha que cuidar do meu filho, da minha mãe e trabalhar. Mas minhas alunas me ajudaram muito. Minha mãe foi se recuperando e voltou a morar na casa dela.

Eu conheci o esporte, comecei a ir à academia, praticava tudo o que era diferente, pois também precisava preencher o vazio e a autoestima. Treinava muito, pois isso me proporcionava viagens e perda de peso. Emagreci 27 quilos com a corrida na época. Quando já estava com 38 anos, conheci meu segundo esposo, que trabalhava com meu tio Geraldo. Naquela época, meu tio mencionou que tinha uma sobrinha que corria, e meu esposo então disse seu Orkut para eu falar com ele. Pensar que hoje temos Instagram, Facebook etc. Naquela época, era só Orkut (risos).

Conheci o Célio, começamos a namorar e, três meses depois, já estávamos casados. Casamo-nos em um casamento comunitário da cidade, com mais 200 casais, e estamos juntos até hoje. Logo no início do casamento, minha mãe ficou muito doente e veio morar comigo. Com isso, as dívidas só foram crescendo.

Mais uma vez, mudei de casa, pois com o casamento e com minha mãe e meu filho morando comigo, tive que arrumar uma casa maior para proporcionar mais conforto para nós. A princípio estava caminhando bem, mas minha mãe piorou e teve que amputar a outra perna. Como se já não estivesse difícil, imagine depois, quando minha mãe, sem as 2 pernas, desenvolveu um Alzheimer leve. Meu esposo teve que sair do trabalho para ajudar a cuidar da sogra, aí o orçamento despencou.

Em muitos momentos, as coisas saíram do controle, mas consegui seguir em frente. Em 2012, engravidei da minha segunda filha, Maria Gabriela, que nasceu em 10 de fevereiro de 2013. Em 2014, mesmo com a minha mãe doente e com minha filha pequena, voltei para a escola e fiz supletivo. No fim de 2015, em novembro, minha mãe faleceu. Além da dor, as dívidas aumentaram ainda mais.

Em 2016, comecei a fazer faculdade de Moda, mas, com tantos problemas, precisei parar a faculdade. Nesse momento, as coisas fugiram do controle, comecei a pegar empréstimos com agiotas e, em 2018, encontrei-me no fundo do poço. Fiz parceria com uma aluna, na época, pensando que iria resolver os problemas, mas acabei perdendo 15 máquinas, todas novas, móveis, equipamentos e tudo da escola. Deixei tudo com ela e fui para Taubaté. Por lá, fui vender salgados na rua. Meu esposo fazia, e eu vendia.

Consegui abrir outra escola, com apenas 4 máquinas de costura, comecei a costurar para fora e também dava aulas. Na mesma época, minha ex-sócia mandou os agiotas me cobrarem. Quando me vi em uma cidade, sem dinheiro, sem clientes e com agiotas batendo na minha porta, resolvi voltar para Sorocaba, onde comecei do zero, conquistando novos alunos e dando aulas. Dei a volta por cima, consegui pagar todos os agiotas. Sei que tenho muitos aspectos a melhorar, mas já estou em um patamar bem melhor.

A jornada empreendedora

Aos 24 anos, casei-me e fui morar nos fundos da casa dos meus pais. Foi nesse momento que comecei a trabalhar em casa com costura de facção de roupas de fábrica. Esse trabalho era exaustivo e pouco lucrativo, confeccionava roupas para confecções. No entanto, determinada a buscar melhores oportunidades, decidi me mudar para o centro da cidade e comecei a oferecer serviços de costura e conserto de roupas. Comecei fazendo pequenos reparos de roupas e confeccionando roupas sob medida.

Um dia, conversando com uma cliente, a Cleonilda, soube que ela queria aprender a confeccionar roupas e me pediu para lhe ensinar. Mesmo não tendo experiência em aula, ela me incentivou muito, e eu comecei a ensiná-la. Nunca mais parei de dar aulas. Fui me especializando, fiz mais cursos, cursei faculdade de Moda, fiz graduação em Marketing e continuo estudando até hoje. Estou cursando a pós-graduação em Moda e Marketing.

Hoje, tenho minha escola técnica de corte e costura, mais de 3 mil alunos já passaram por aqui, muitas alunas bem-sucedidas com ateliês próprios. Minha escola é a única da cidade, reconhecida com o selo Quality e o selo Social. Temos muito para melhorar, mas estamos no caminho, sempre em busca de conhecimento e sabedoria para ajudar as pessoas a alcançarem seus objetivos.

Aos 39 anos, conheci meu segundo esposo e, aos 40, dei à luz minha filha. Aos 42 anos, concluí meus estudos. Sempre buscando aprimorar meus conhecimentos, estudei e me especializei ao longo dos anos. Em 2023, completo 26 anos como professora de corte e costura.

Durante minha jornada, enfrentei vários desafios financeiros. Cheguei a dever dinheiro para 8 agiotas, com uma dívida que ultrapassava os 50 mil reais. Vivi altos e baixos, mas, com muita persistência e determinação, consegui quitar todas as minhas dívidas. Sou grata a Deus por me conceder forças nos momentos mais difíceis e por nunca me deixar desistir.

Minha vida é uma prova de que a perseverança é fundamental para superar os obstáculos e alcançar o sucesso. Desde uma infância difícil até os desafios financeiros, aprendi que nunca devemos desistir dos nossos sonhos. Por meio do trabalho árduo, da dedicação e do apoio de pessoas que acreditam em nós, é possível transformar nossas vidas e conquistar o que almejamos. Que minha história inspire você a perseverar diante das adversidades e a seguir em frente, independentemente dos fracassos que possam surgir no caminho. Acredite em si mesmo e nunca deixe de lutar pelos seus objetivos.

Dicas para alunas(os) iniciantes

Iniciar no mundo do corte e costura é uma jornada emocionante, mas também repleta de desafios. Como empreendedor nessa área, é essencial estar preparado para enfrentar obstáculos e superá-los com persistência e dedicação. Aqui estão algumas dicas valiosas para os alunos que desejam embarcar nessa aventura.

- Aprenda constantemente: nunca pare de aprender e aprimorar suas habilidades. Faça cursos, participe de *workshops* e busque conhecimento on-line para se manter atualizado sobre as tendências e técnicas de costura.

- Defina seus objetivos: trace metas claras e realistas. Saber onde quer chegar ajuda a manter o foco e a motivação ao longo da jornada empreendedora.

- Domine as habilidades básicas: antes de se aventurar em projetos mais complexos, pratique e domine as técnicas básicas de costura. Uma base sólida é essencial para o sucesso.

- Seja criativo: a costura permite expressar sua criatividade. Desenvolva um estilo próprio, crie peças únicas e diferenciadas para conquistar clientes e se destacar no mercado.

- Construa uma rede de contatos: participe de eventos da área, como feiras e associações de costureiros. Conhecer outras pessoas da indústria pode trazer novas oportunidades e parcerias.

- Cuide do seu espaço de trabalho: mantenha seu ambiente organizado, limpo e funcional. Isso aumentará sua produtividade e proporcionará um espaço agradável para trabalhar.

- Conheça o seu público-alvo: entenda as necessidades e preferências dos seus clientes. Ofereça produtos que atendam às suas demandas e estejam alinhados com as tendências do mercado.

- Marketing é fundamental: promova seu trabalho de forma eficiente. Utilize as redes sociais, crie um *site* ou *blog* e divulgue suas criações para alcançar mais pessoas e potenciais clientes.

- Estabeleça preços justos: calcule o valor das suas peças considerando o custo dos materiais, seu tempo e a qualidade do seu trabalho. Ofereça um preço competitivo e justo.

- Supere os desafios: nem sempre será fácil, mas se lembre de que cada obstáculo é uma oportunidade de crescimento. Mantenha a determinação e perseverança para alcançar seus objetivos.

No mundo do empreendedorismo e na costura, o sucesso é construído com paixão, trabalho árduo e a busca contínua pelo aperfeiçoamento. Acredite em si mesmo(a), confie em sua capacidade e, com muito treino e dedicação, você alcançará seus sonhos e objetivos. Boa sorte nesta incrível jornada empreendedora!

Agradeço ao Célio, meu esposo; aos meus filhos, Gabriel e Gabriela, que sempre me incentivaram, me apoiaram e me deram motivos para seguir em frente; e, em memória, ao meu pai, José Benedito Vieira, e à minha mãe, Maria da Conceição.

"

Não importa quantas vezes você caia, levante-se com ainda mais determinação e prove a si mesmo que é capaz.

Fabiana Vieira

À direita, Izabella Gomes, à esquerda, a sua sócia e irmã, Izadora Gomes.

Izabella Gomes

Sou Izabella Gomes, natural de Itapemirim, Espírito Santo, e resido na mesma cidade com a minha família: meu esposo, Rafael Santiago, e minha filha, Maria Eduarda. E, para escrever este capítulo, eu não poderia deixar de citar a minha irmã e sócia, Izadora Gomes. Sou empreendedora, mentora e sócia da Pulse Agência Digital e Pulse Eventos Corporativos, juntamente a minha irmã e sócia. Participamos de grandes lançamentos de produtos digitais e realizamos mais de 200 eventos corporativos presenciais.

A minha jornada empreendedora nem sempre foi fácil, na verdade foi bem difícil, mas aprendi logo que eu era minha maior sabotadora e incentivadora. Neste capítulo, vou lhe mostrar algumas estratégias para você blindar sua mente e construir um CNPJ forte.

izabellagomesoficial

pulsehoje

+55 (28) 99902-5192

+55 (28) 99923-6053

MENTE EMPREENDEDORA

19

Por Izabella Gomes

Este capítulo é para você que está começando do zero, que já quebrou algumas vezes e decidiu que esta é sua última tentativa. Prazer! Apresento-lhe a minha última tentativa que deu certo, e isso tem tudo a ver com a mentalidade. Falar em mentalidade empreendedora alguns anos atrás seria muito difícil, e já vou explicar o porquê. A mentalidade do meio que viemos é extremamente limitada, ali indivíduos não mudam o pensamento. Isso é muito conhecido como síndrome de Gabriela: "Eu nasci assim, eu cresci assim, serei sempre assim."

Nascemos em uma cidade pequena, onde a cultura de trabalho sempre foi do serviço público. Quem não era servidor público, com certeza, trabalhava em algum mercado. Nós precisávamos sair daquele ciclo e ir além, para onde as pessoas não queriam ir e nem tentavam, pois aquele ciclo nos sabotava com as crenças limitantes. Sempre fomos visionárias e sonhadoras, e esse lugar pequeno não nos cabia mais, pelo menos na mentalidade.

Desde a adolescência, sempre empreendemos, desde revendas de utensílios de casa até cosméticos. Também já trabalhamos como CLT e, de lá para cá, empreendemos porque o empreendedor nunca se contenta com o que tem, essa é uma das suas características. O empreendedor sempre vê oportunidades de um novo negócio em qualquer circunstância.

Já pensávamos assim, mas não tínhamos preparo e planejamento. Tudo que faturávamos logo era perdido. Quebramos muito a cabeça até encontrar um meio de empreender de forma saudável, construindo um negócio sólido. Depois de muito relutarmos, entramos no mercado de trabalho para trabalharmos no negócio de outra pessoa. Aquilo parecia frustrante para nós, mas era essencial para nosso aprendizado. Uma mente empreendedora empreende de onde estiver, até se estiver trabalhando para alguém.

Entretanto, trabalhar para alguém ganhando o mesmo e o certo todos os meses é um padrão fácil, prático e, muitas vezes, necessário, mas não nos leva para uma vida extraordinária, pois nos prende na escassez e na falsa segurança. No início, éramos imediatistas, queríamos voltar logo para o caminho de segurança e da zona de conforto. O digital nos possibilitou avançar etapas, mas não significava que íamos ficar milionária da noite para o dia. Esse foi uns dos pensamentos que nos prejudicaram, porque vimos outras pessoas com ganhos no digital e, apesar de termos feitos alguns múltiplos, não sabíamos os códigos, ou seja, o caminho que nos levaria àquele resultado.

Existem comportamentos característicos da mentalidade empreendedora. O psicólogo David McClelland dedicou grande parte da sua vida acadêmica ao estudo do comportamento de empreendedores de sucesso. Em 1962, depois da vasta pesquisa sobre o assunto, ele listou dez características que foram divididas em três grupos: realização, planejamento e poder.

De acordo com McClelland, é possível capacitar uma pessoa para que ela consiga desenvolver uma mentalidade empreendedora, e isso contribui não só para o sucesso de sua carreira profissional, mas também para a sua vida pessoal. E depois de conhecer mais a fundo essas características, começamos a colocá-las em prática.

Em 2022, ao pedirmos desligamento de uma empresa, um trabalho sólido, porém exaustivo, decidimos de uma vez por todas trabalharmos em uma empresa que fosse nossa, com nossos princípios e valores, uma empresa alicerçada em um propósito muito maior do que apenas o faturamento, o propósito de servir pessoas. Assim nasceu a Pulse Agência Digital.

A Pulse é uma agência atípica, em que, além de trabalharmos com redes sociais, lançamentos e assessoria de eventos, damos mentorias para novas empreendedoras. A "Jornada da Empreendedora", um produto digital que vendo pela plataforma Hotmart, oferece direcionamento para mulheres que começam do zero, ou recomeçaram como nós.

Ao iniciarmos a empresa, tínhamos um grande desafio pela frente, tínhamos uma mentalidade CPF e precisávamos de uma mentalidade CNPJ. Assim aprendemos a primeira lição: primeiro a mentalidade, depois a estratégia. Não adianta ter conhecimento e não ter mentalidade forte. Não adiantava ter conhecimento prático e teórico para empreender, era necessário trabalharmos a nossa mentalidade, vencermos as limitações da mente para depois alavancarmos.

A nossa mente tem o poder de nos fazer desistir, ficar paralisados pelo medo ou nos fazer ir além. Naquele momento, apesar dos nossos sonhos serem grandes, estávamos rodeadas de crenças limitantes e pensamentos medíocres. Tínhamos bloqueios emocionais, e eles guiavam nosso comportamento, a insegurança e sensação de incapacidade nos norteavam. Isso nos limitava, impedia-nos de viver inúmeras experiências.

Como mencionado no início deste capítulo, nossa ambiência, e até mesmo o meio em que fomos criadas na infância, tinha total relevância nessa construção de mentalidade. Precisávamos nos salvar daquela limitação imediatamente para sobrevivermos ao primeiro ano de CNPJ. Não tínhamos um plano B, o plano A tinha que dar certo.

Não foi fácil, o meio sempre reafirmava que não conseguiríamos clientes que pagassem o que estávamos cobrando. Depois, ainda tinha a limitação de sermos apenas duas pessoas para a possibilidade de aparecerem vários clientes ao mesmo tempo, e não nos sentiríamos capazes de atender a todos com excelência.

Nosso primeiro passo era cuidar da saúde financeira da empresa, então fizemos uma consulta com um treinador comportamental, Matheus Potenti, que também nos auxiliou com alguns mecanismos de controles para empresas iniciantes e nos mostrou que tínhamos medo de crescer.

Parecia estranho esse sentimento, porque era justamente o que queríamos, mas as crenças limitantes nos faziam excluir as possibilidades de crescimento. Com as ferramentas e sessões que o treinador comportamental nos ensinou, também procuramos ajuda em livros e cursos, os mais diversos. Talvez você também tenha essas crenças, então vou trazer aqui os 3 grupos identificados como crenças limitantes; no caso, tínhamos os 3.

Crenças hereditárias

Este tipo de crença tem sua origem no meio familiar, principalmente dos parentes que compartilham suas próprias limitações e as reforçam no dia a dia. Por exemplo, a mãe, que não teve bons relacionamentos durante a vida, acaba criando uma crença limitante em seus filhos: de que encontrar um par é algo difícil. Essa crença nos impede de confiar em pessoas, sócios e até em boas oportunidades.

Crenças pessoais

As crenças pessoais refletem na experiência individual de cada pessoa. Elas se referem a qualquer reprovação que tivemos até aquele momento, como na escola ou com pessoas em geral. Nesse caso, pode ser que o próprio lar e amigos sejam grandes apoiadores, porém, um evento marcante pode ocasionar esse gatilho restritivo.

Crenças sociais

Neste caso, as crenças são criadas pelo contexto em que a pessoa vive, seja com os amigos, o trabalho ou o tipo de informação com que tem contato. Assim, frases simples, como "só se formam na graduação pessoas ricas", são repetidas tantas vezes que acabam se tornando uma grande crença limitante. Era esse o problema do meu meio social, não tínhamos exemplo de alguém que tivesse concluído uma faculdade, ou que tivesse um emprego bom, quem dirá, alguém que houvesse tido sucesso em um negócio próprio.

Com apenas quatro meses começando do absoluto zero, em um quarto, na casa da minha mãe e com cadeiras emprestadas, nós duas estávamos faturando 5 dígitos sozinhas. Por trás de uma empresa pequena e de um perfil pequeno, existiam duas mulheres com sonhos grandes. Novos clientes começaram a surgir de vários lugares do país, e voltamos a viajar pelo Brasil prestando assessoria em eventos presenciais. Hoje estamos completando um ano de empresa, fortalecidas e abençoadas por um Deus que sempre nos abençoou e escreveu a nossa história.

Não poderíamos finalizar sem deixar alguns ensinamentos que nos ajudaram a chegar até aqui.

- Coloque Deus acima de tudo: seja obediente àquilo que Deus quer que você faça, dê o controle da sua empresa nas mãos d'Ele.

- Cuide da sua ambiência: a mentalidade vai ser modulada de acordo com o que você consumir de conteúdo, livros e cursos.

- Limpe sua mente: trace suas metas, pontue quais são os passos e não mude de rota, liberte-se de tudo o que lhe faz perder o foco.

Colocando em prática o desenvolvimento de todas as habilidades mencionadas aqui, é possível criar uma mente empreendedora. Naturalmente, essas habilidades precisam ser desenvolvidas com foco em resultados. Conhecer as características de um empreendedor de sucesso e entender como elas se traduzem no dia a dia do profissional ajudam a compreender melhor como absorvê-las.

Com o desenvolvimento dessas habilidades, o empreendedor vai observar a melhora no seu desempenho profissional, terá mais segurança no processo de tomada de decisões e ampliará a sua visão em relação às oportunidades, aumentando as possibilidades de sucesso e reduzindo as chances de fracasso.

Então, você já tem uma mentalidade empreendedora ou ainda precisa construi-la? A maioria das pessoas tem qualidades que podem ser ampliadas e outras que precisam ser adquiridas. Portanto, se você ainda não é um empreendedor com experiências, não se preocupe. O importante é ter vontade de chegar lá e fazer o que for preciso para alcançar o sucesso. Agora, você já sabe os caminhos para isso.

Não se esqueça que os medos e os anseios atrapalham nossos pensamentos e minam nossa mentalidade, por isso deixaremos um trecho bíblico que deve ser consultado sempre que necessário:

"Lancem sobre Ele toda a sua ansiedade, porque Ele tem cuidado de vocês." (Pedro 5:7)

"

Primeiro a mentalidade, depois a estratégia. Não adianta ter conhecimento e não ter mentalidade forte.

Izabella Gomes

Juliana Domareski

Sou Juliana Domareski, natural de São Paulo, capital, resido em Itajaí, Santa Catarina, com minha família: Nelson Domareski Filho, meu marido, e meu filho Kaiky Ferreira Benedet. Hoje, sou empresária e empreendedora, atuo no mercado imobiliário do lugar mais desejado do Brasil há pouco mais de três anos e amo minha profissão.

Apesar de formada em Fisioterapia, pós-graduada em Osteopatia e com 10 anos atuando na área da saúde, pude reencontrar meu propósito como corretora de imóveis em 2020. As mudanças e adaptações fazem parte da minha vida desde cedo. Mãe por acidente aos 17 anos de idade, tive que buscar sozinha vários meios de fazer com que minha vida fosse minimamente estável, a fim de proporcionar segurança para meu filho. Aprendi muito cedo que estabilidade não existe e que teria que lutar para conseguir qualquer coisa que quisesse.

julianadomareski

+55 (47) 99991-8392

juliana@imoveisterra.net

Juliana Domareski

DEFINA SUA VISÃO: COMO CRIAR UM PROPÓSITO PARA O SEU NEGÓCIO

20

Por Juliana Domareski

O principal motivo de as pessoas não alcançarem aquilo que almejam é não saber o porquê elas fazem o que fazem. A falta de visão se torna uma condição similar nos principais casos de insucesso pessoal ou profissional, levando à frustração e à falta de expectativa para o futuro. Somos seres programados para a sobrevivência, moldados para gastar menos energia durante qualquer tarefa e, por isso ser uma questão fisiológica, torna-se um desafio ir além daquilo que precisamos para desempenharmos as rotinas funcionais do dia a dia.

Quando você se sobressai em alguma tarefa, função, atividade física ou intelectual, no mesmo momento, se encaixa em um grupo menor de pessoas que vão contra a manada. Quase todos nós tendemos a ter facilidade para alguma tarefa específica, isso é normal. A real diferença está quando seu sucesso vem como resultado de um processo de obsessão por conseguir algo, fazer dar certo aquilo em que poucos teriam coragem de investir tempo, horas ou crença, pois assim você se torna parte de uma porcentagem perigosa de pessoas que conseguem aquilo que desejam, mesmo não tendo condições ou probabilidade de conseguirem realizar aquele objetivo.

O problema é que se torna quase impossível conseguir realizar um grande sonho sem ter um propósito definido. Muitas pessoas tendem a pensar no propósito como algo que pode ser definido quando você responde o "porquê" como motivo de fazer o que faz. Mas o verdadeiro sentido está quando o seu "porquê" se torna "por quem", nesse caso, tornamo-nos quase sempre imparáveis.

Não temos disponível na internet nenhuma receita infalível que nos faça descobrir o nosso propósito. O propósito é algo visceral, latente e, muitas vezes, só faz sentido para você e ninguém mais. Ele pode ser mutável, ele pode ser construído, mas quando existe, os obstáculos se tornam apenas uma parte da sua jornada, e não o final dela.

Um propósito mal definido ou inexistente nos leva a vagar por caminhos que não nos levam a lugar algum e muitas vezes, distanciam-nos dos nossos objetivos. Como nosso principal ativo é o tempo, e ninguém tem certeza de quanto tempo ainda teremos neste mundo material, muitas pessoas não têm tempo hábil para realizar aquilo que elas gostariam de fazer. E por causa desse pensamento, temos mais pessoas ansiosas e pouco produtivas.

Toda empresa deve ter bem definida sua visão, para que todos os colaboradores, independentemente de nível hierárquico, que fizerem parte dessa empresa, olhem para o mesmo sentido e busquem alcançar e realizar seus sonhos por meio de dessa visão. A visão é o que você quer conquistar, determinando o tempo exato para isso acontecer e a forma de chegar lá. Somente com direção, estratégia e ação, somos capazes de alcançar os objetivos que temos.

Apesar de vivermos em um mundo civilizado, o mundo dos negócios ainda parece uma selva. A constante evolução tecnológica, o dinamismo do mercado de trabalho e pessoas cada vez mais criativas nos forçam a ter uma base cada vez mais sólida e uma visão mais clara. Isso pode levar algum tempo, tratando-se de pessoas, mas a velocidade também é importante nos dias de hoje, pois quase sempre, as pessoas mais rápidas ultrapassam as que têm mais talento. Não temos espaço para hesitação.

Sabendo de tudo isso, aprendi na prática que criar uma visão é diferente de implementar a visão. A vontade é como um tanque de combustível, uma hora vai acabar e precisa ser reabastecida. Muitas pessoas, hoje em dia, têm esse tanque muito pequeno, precisando de estímulos constantes para se manterem alinhadas com sua visão, e o melhor combustível é o propósito bem estruturado.

O misticismo de ter um propósito precisa acabar. O verdadeiro propósito vem daquilo que conhecemos no nosso íntimo. Por exemplo, uma vez, eu vi uma mulher de sucesso dar um relato, no caso, tudo que ela fez para alcançar o sucesso profissional se baseou num acontecimento de sua infância. Durante o relato, ela ainda falava com emoção, uma sensação de dor em sua feição e com seus olhos mareados. O relato foi: quando criança, ela viu sua mãe agachada no chão, limpando a casa de uma pessoa. Claro que ela sabia que a mãe dela limpava a casa das pessoas para garantir o sustento da família, mas, naquela ocasião específica, aquilo mexeu em seu íntimo e se tornou uma lembrança dolorosa. Em busca da mudança, ela batalhou muito para mudar a vida de sua família e conseguiu.

Ter uma visão e um propósito bem definidos não lhe garante, de nenhuma forma, o sucesso profissional. É preciso se levantar cedo e trabalhar, estudar, produzir muito, renunciar ao lazer por algum tempo, trabalhar na construção e ter lucro. Somente aliando o trabalho duro ao seu propósito, você constrói caminhos para chegar mais próximo da realização da sua visão. Muitas vezes, em posição de liderança, por melhor que seja seu propósito, nem todos vão acreditar ou seguir o que você fala. Esse é um desafio que todos os líderes devem enfrentar durante sua jornada empreendedora. E o objetivo, nesse caso, é que, antes de implementar suas ideias, você deve sensibilizar seu time, mostrar detalhadamente o processo fracionado, todo o passo a passo de como, onde e quando cada tarefa deve ser executada, além de dar o comando: "Este é o nosso objetivo, estas são as razões para que tenha que ser dessa forma. Agora confiem em mim e vamos começar!", em vez de apenas impor uma ideia "goela abaixo" da equipe, por ter um cargo de liderança.

Dentro de algumas escolhas da minha vida, antes de ter definido minha visão e meu propósito como consequência, experimentei viver o propósito do outro. Meus relacionamentos atendiam mais o outro do que eu. Ajudei a construir o sonho de outras pessoas por meio do meu trabalho, tinha uma dificuldade imensa de dizer "não", precisava pertencer a um grupo ou comunidade, mesmo que aquilo fosse corrosivo ou não fizesse parte das minhas crenças. Após algum tempo de vivência dessa forma, eu me vi sem forças e sem capacidade de merecimento. Somente o autoconhecimento e a consciência são capazes de nos tirar desse lugar, ou pelo menos, dar o primeiro passo para sairmos, e a direção precisa ser baseada em um propósito.

É preciso ter coragem para viver por algo que acredita, principalmente quando muitas pessoas não entendem ou não têm as mesmas crenças que você tem. É preciso ser forte para ter foco quando tudo parece ser melhor do lado oposto e acreditar na sua capacidade de conseguir realizar seus sonhos. E somente um propósito bem definido lhe mostrará o caminho para que possa tomar as ações corretas para percorrer as trilhas até chegar lá.

Empreender pode ser desafiador, e empreender no Brasil não é uma tarefa para amadores, todos sabem, por isso afirmo que o único jeito de se manter em crescimento constante ou sobreviver nesse mercado é ter uma visão definida e um propósito forte. O pilar de todas as empresas está em suas diretrizes. Se você não tem suas diretrizes bem estruturadas e fortes, provavelmente não tem uma empresa de sucesso. Diretrizes se resumem em: visão, missão e valores.

As diretrizes servem para além da direção, servem para motivar diariamente as pessoas que fazem parte do seu time e são importantíssimas na hora de abrir vaga e seleção de novos colaboradores, elas representam seu "*fit* cultural" e a base do seu negócio. Para estruturar esses três componentes, é preciso entender a forma de fazê-lo.

- A visão é onde você quer chegar e quando você quer chegar. Ela precisa ter planejamento, estratégia e um tempo definido. Um exemplo de visão pode ser: quero vender três mil cursos on-line até dezembro deste ano.

- A missão é aquilo que lhe motiva; não pode ser apenas uma meta financeira. Ela serve para dar direção e está mais conectada ao intangível, ao propósito de fazer o que se faz. Por exemplo: minha missão é que, através da venda dos três mil cursos on-line, eu possa ajudar os meus clientes compradores a mudarem de vida, estruturando suas empresas e mudando a vida de outras pessoas.

- Os valores podem ser definidos em poucas palavras: eles são a cultura da sua empresa. Valor é algo que nenhum dinheiro pode comprar. Exemplos de valores: lealdade, ética, envolvimento, produtividade, meritocracia, senso de dono etc.

O conhecimento das diretrizes é essencial para tomar as decisões certas durante a jornada do seu negócio. Quanto mais vidas você impactar, mais sucesso terá. O seu primeiro cliente deve ser seu colaborador, se ele estiver feliz, vestirá a camisa da empresa, executará sua função de forma mais fluida e, durante um momento de crise, será leal à empresa.

As oportunidades são criadas por aqueles que estão dispostos a se arriscarem também a falhar. Por isso, um trecho muito famoso e que me inspira toda vez que preciso "encher meu tanque de combustível" é do Theodore Rosevelt (1958-1919), ex-presidente dos Estados Unidos, que diz assim:

> Não é o crítico que importa, nem aquele que aponta onde foi que o homem tropeçou, ou como o autor das façanhas poderia ter feito melhor. O crédito pertence ao homem que está por inteiro na arena da vida, cujo rosto está manchado de poeira, suor e sangue, que luta bravamente. Que erra, que decepciona, porque não há esforço sem erro ou decepções, mas que na verdade, empenha-se em seus feitos. Que conhece o entusiasmo, as grandes paixões, que se entrega a uma causa digna. Que na pior, fracassa, ao menos fracassa ousando grandemente.

Eu lhe convido a viver seu propósito dentro de sua empresa ou negócio. Por meio deste capítulo, espero lhe ajudar a alcançar sua visão. Compartilhe-o com alguém que você sabe que precisa encontrar também seu propósito.

"

Definа com clareza aquilo que você deseja alcançar e seja autor da sua própria história.

Juliana Domareski

Maick Pandolfi

Sou Maick Pandolfi, natural de Vitória, Espírito Santo, resido em Vila Velha/ES, com minha amada esposa, Amanda Pandolfi, com quem sou casado há 7 anos. Sou empresário, escritor, palestrante e treinador de vendas, liderança, oratória, PNL e comunicação assertiva. Com cinco anos de atuação na área, sou referência em técnicas de vendas e comunicação para quem busca melhorar seu desempenho profissional e pessoal.

Também sou apresentador em um programa de TV voltado para empreendedores, chamado "Papo de CNPJ", no qual trago grandes dicas e experiências de grandes empresários. A minha jornada até aqui teve altos e baixos. Depois de perder meu pai, minha mãe e irmã, percebi que só temos uma chance para tornar nossa vida extraordinária, e essa tem sido a minha missão.

maickpandolfi

+55 (27) 99715-0229

maickpandolfi@gmail.com

Maick Pandolfi

APRENDA A NEGOCIAR COM CLIENTES, FORNECEDORES E PARCEIROS

21

Por Maick Pandolfi

Hoje lido com grandes vendas e negociações, além de criar palestras e treinamentos sobre esses assuntos, porém, quando criança, jamais imaginei que um dia isso seria possível. Quando tinha 7 anos, morando na periferia da cidade de Cariacica/ES, descobri um grande gigante na minha vida, a timidez.

Mas foi na adolescência, com a ajuda da oratória, que comecei a enfrentar esse gigante, pois sabia que, ou enfrentava o gigante de vez ou ele me limitaria pelo resto da vida. Logo depois, no meu primeiro emprego, recebi a oportunidade de trabalhar com vendas, foi quando conheci o que me ajudou a derrubar de vez esse gigante, a arte de negociar.

A negociação está presente em nossa vida pessoal, profissional e social. Diferentemente do que muitos acreditam, saber negociar não é um dom, é uma habilidade aprendida. E se você não souber utilizar essa habilidade, pode ocasionar grandes prejuízos na sua carreira, no seu negócio, além de perder oportunidades e grandes parcerias, com a consequência de se tornar uma pessoa desmotivada, frustrada e sem perspectiva. Tenho certeza de que este capítulo vai ser um divisor de águas para revolucionar sua vida e sua carreira.

5 dicas incríveis de negociação

1 - Saber se comunicar: saber se comunicar bem vai fazer total diferença na hora de aplicar as demais técnicas. Como sempre ensino aos meus mentorados, não é o que se fala, mas como se fala. Em todos os cenários, a comunicação é uma ferramenta indispensável, e é por meio dela que conseguimos desenvolver uma compreensão bilateral nas relações humanas, além de nos favorecer profissionalmente.

2 - **Conheça bem o seu mercado de atuação:** para obter sucesso na hora de negociar, você vai precisar saber bem do que está falando, deve ter total compreensão e domínio sobre seu seguimento, saber bem sobre preços, condições, contrato, além de outras informações essenciais. Aprenda uma coisa, se você tiver domínio e conhecimento sobre a sua área de atuação, vai conseguir uma grande vantagem no momento da negociação, seus argumentos se tornarão poderosos o suficiente para se mostrar ao seu cliente, fornecedor ou parceiro que você sabe bem o que quer e não aceitará menos do que deseja.

3 - **Controle sua ansiedade:** é muito comum ter ansiedade em uma negociação, afinal, o risco de obter um resultado indesejado existe. Para driblar esse sentimento, você precisa se preparar devidamente antes de começar a negociação: respirar fundo, controlar os pensamentos e manter a autoconfiança; caso contrário, você pode colocar tudo a perder. Negociar estando ansioso demais vai baixar sua expectativa, fazer com que você faça péssimas ofertas e dificilmente consiga contra-argumentar as objeções feitas a você.

4 - **Use argumentos poderosos**: para começar a fortalecer seus argumentos, mostre seus indícios e razões para que o outro comece a enxergar que você possui bons argumentos. Ao mostrar seus argumentos, deixe claros as desvantagens que ele terá se não fechar negócio com você; seu opositor precisa saber que o acordo é bom para ambas as partes. Pega essa visão: você não vende um acordo, você faz um acordo. Se conseguir entender isso, seus argumentos ganharão muito mais força.

5 - **Saiba quando concluir a negociação**: saber o momento certo de concluir uma negociação não é uma tarefa fácil, porém é necessário buscar esse momento para ter um sucesso satisfatório. Algumas pessoas acabam postergando a conclusão da negociação na esperança de conseguir um acordo melhor. É uma estratégia arriscada, o ideal é concluir um acordo assim que ambas as partes estiverem satisfeitas com o resultado. Uma outra estratégia é você demonstrar que vai desistir da negociação, caso seu opositor não aceite o acordo que já foi definido.

Aprenda a negociar respeitando o perfil de seus opositores

Conhece a frase "dance conforme a música"? Basicamente é o que você precisará fazer para atingir melhores resultados ao negociar. É algo muito importante, pois cada pessoa é diferente e, por isso, você precisa moldar o seu discurso e comportamento de acordo com cada uma delas. Por isso, eu quero compartilhar estes perfis e como você pode negociar com eles.

O expressivo: este perfil é o famoso "falador", adora se comunicar e falar de tudo um pouco, gosta de ser o centro das atenções e ser tratado com mais informalidade. Eu, particularmente, prefiro negociar com um perfil assim, visto que sou expressivo também. Mas fique átento, atender com mais informalidade não significa perder o profissionalismo. Se você souber usar bem essa expressividade, pode aumentar as chances de fechar um bom negócio para você.

O pragmático: este perfil é o mais difícil para chegar a um denominador comum. Ele dificilmente vai aceitar que fique algo bom para ambas as partes, é aquele perfil mais complicado de convencer ou agradar, quer sempre sair ganhando. Uma outra característica é que ele é bem objetivo, nada de rodeios ou "quebra de gelo" com esse perfil. Para conseguir sucesso na negociação, precisa ter firmeza nas palavras, falar sempre com seriedade e mostrar que está no controle da negociação.

O afável: este perfil sempre vai levar a negociação para o lado mais sentimental. Uma grande vantagem é você sempre demonstrar mais proximidade e que está se importando com a opinião e os sentimentos dele. Utilizar histórias e experiências para se conectar a este tipo de perfil vai elevar suas chances de fechar um bom negócio. E não se esqueça, ser gentil nessa situação vai ser uma grande arma ao seu favor. Mas um alerta: relacionar-se emocionalmente com ele pode fazer tudo ir por água abaixo.

O analítico: este perfil é o calcanhar de Aquiles de muitos na hora de uma negociação. Ele é muito perfeccionista, analisa todos os passos antes de dar o primeiro, pergunta sobre tudo e todas as coisas possíveis. E o que leva muitos ao fracasso em conseguir um bom negócio com este perfil é o despreparo. Se você não domina seu produto, serviço ou sua proposta, não se arrisque em iniciar uma negociação com este tipo de opositor, suas chances de um bom negócio são ínfimas. Por outro lado, para aumentar suas chances, dê a ele todas as informações, dados, números com propriedade e convicção.

Vendedor ou Negociador

Na maioria das vezes, um bom vendedor está longe de ser um bom negociador. Em um breve resumo, o vendedor tem a responsabilidade de fornecer informações e orientar sobre um produto ou serviço para que este seja adquirido pelo seu cliente, por outro lado, a negociação é um processo de comunicação e interação social que envolve duas ou mais pessoas em prol de seus interesses.

O vendedor: é o indivíduo com total foco em suas metas. Na maioria das vezes, é bem competitivo e sabe se relacionar bem com os outros, é intuitivo e gosta de ser terminante em suas palavras, volumes e grandes comissões tendem a ser uma de suas prioridades.

O negociador: é o indivíduo preocupado em solucionar problemas, por isso tem a criatividade como uma das suas principais armas na negociação. O negociador é analítico, tem postura e irradia credibilidade e segurança. Ele sabe bem que o planejamento é importantíssimo para conseguir um bom negócio.

A arte de negociar me trouxe vários ensinamentos, por exemplo, mostrar que a minha maior limitação sou eu e que posso aprender muito mais errando do que acertando.

Eu bem sei que existem muito mais dicas e estratégias para evoluírem ainda mais em suas negociações, porém, escolhi compartilhar neste capítulo as ferramentas que me fizeram derrubar de vez meus gigantes e me tornar referência na minha carreira.

E, assim, sair de um bom vendedor para um bom negociador me fez criar oportunidades que outrora não conseguiria, abriu grandes portas para mim e elevou a minha *network* a outro patamar. Por isso quero lhe impulsionar a fazer o mesmo, não se limite apenas ao meu capítulo apresentado, treine mais, estude mais, vá além, mas se lembre, de nada vale fazer tudo isso, mas não agir e não ter atitude para colocar em prática. Sempre costumo dizer: "um negociador de sucesso hoje, um dia foi um simples vendedor de atitude." De fato, a habilidade de negociar vai revolucionar sua vida e sua carreira. E já esteja preparado, você vai evoluir tanto que os outros vão precisar lhe conhecer de novo.

Agora quero lhe dar uma missão, que geralmente não é uma tarefa fácil. Para cumprir essa missão, você vai precisar de uma ferramenta que para mim foi dificílima de usar. Por muitas e muitas vezes, eu hesitei, resisti, mas, quando resolvi usá-la, transformou todo esse meu conhecimento em resultados. "Maick!, diga logo que raio de ferramenta é essa!" Tudo bem! Mas antes, vamos fazer um trato, você vai se comprometer a usar essa ferramenta assim que acabar este livro e com ela cumprir essa missão.

Sua missão vai ser usar todas essas dicas e ferramentas nas suas próximas negociações, seja com clientes, fornecedores ou parceiros. Utilize as cinco dicas que lhe dei neste capítulo, vá de forma minuciosa descobrir o perfil do seu opositor e negocie se adaptando ao perfil dele. A ferramenta que vai proporcionar o sucesso desejado é a ousadia. Isso mesmo, seja ousado, não tenha medo. Com ousadia, você vai além de seus limites e vai alcançar resultados que nunca obteve antes.

E um pedido final, depois de tudo isso: ao menor de seus resultados, quero um *feedback*, quero que compartilhe comigo lá no meu Instagram. Conto com você.

Maick Pandolfi

“Tenha o seguinte pensamento todas as manhãs: hoje eu preciso superar o melhor de todos, eu.

Maick Pandolfi

Marcos Paulo da Costa

Sou Marcos Paulo da Costa, pai do Gabriel e da Maria Clara, natural de Maceió, Alagoas, e o primeiro profissional de marketing do Nordeste brasileiro a entrar na lista de *expert* da maior plataforma de marketing digital da América Latina.

Empresário e professor universitário, com formação em Administração de Empresas e especialização em Marketing Digital, líder da primeira agência de marketing digital do Nordeste a chegar ao topo do programa de parceiros da Resultados Digitais, em um ecossistema com mais de 3 mil agências e 70 mil empresas.

Ao longo de mais de 12 anos de experiência em marketing, já desenvolvi centenas de projetos que alavancaram os resultados de diversas empresas, e tudo isso começou adquirindo conhecimento e o colocando em prática no dia a dia.

marcospaulo.marketing

contato@marketingmoderno.com.br

Marcos Paulo da Costa

www.marketingmoderno.com.br

COMO ALAVANCAR SEU NEGÓCIO COM O CANVAS ESTRATÉGICO DE MARKETING DIGITAL

22

Por Marcos Paulo da Costa

O marketing digital é uma das áreas mais dinâmicas e desafiadoras para os empreendedores atualmente. Com a concorrência cada vez mais acirrada e as mudanças no comportamento do consumidor, é fundamental que as empresas adotem uma abordagem estratégica para garantir que suas campanhas de marketing sejam eficazes e gerem os resultados esperados.

Por isso, tenho o prazer de apresentar o Canvas Estratégico de Marketing Digital, uma ferramenta poderosa que já ajudou centenas de empresários que atendo e vai ajudar a sua empresa a obter resultados ainda melhores por meio do ambiente digital.

Por que utilizar o Canvas Estratégico de Marketing Digital?

Desenvolvido com base em anos de experiência em marketing digital e visando fornecer uma abordagem estruturada para desenvolver estratégias eficazes, o Canvas Estratégico de Marketing Digital é uma ferramenta prática de usar que pode ajudá-lo a planejar, identificar lacunas e oportunidades para melhorar o desempenho do seu negócio no ambiente digital. A ferramenta é um mapa visual que orienta você a desenvolver e esboçar seu planejamento digital para obter melhores resultados, composta por nove áreas essenciais em todo planejamento, que são:

1. persona/segmento;
2. proposta de valor;
3. produto/serviço;
4. posicionamento;
5. estratégias e canais de presença digital e performance;
6. monitoramento e análise;
7. plataformas/tecnologias;

8. equipe interna;
9. parceiros/fornecedores.

Vamos dar uma olhada em cada uma dessas áreas com mais detalhes.

1. Persona/Segmento

A primeira etapa do Canvas Estratégico de Marketing Digital é definir sua persona ou segmento. Persona é uma representação fictícia do seu cliente ideal, com base em dados reais sobre comportamento e características demográficas. Segmento é um grupo de pessoas que compartilham características semelhantes e têm necessidades específicas que sua empresa pode atender. Definir sua persona ou segmento é fundamental para criar mensagens de marketing mais eficazes e direcionadas para seu público-alvo. Para definir sua persona ou segmento, você deve considerar as seguintes perguntas:

- Quem é o meu cliente ideal?
- Quais são as características demográficas do meu público-alvo?
- Quais são as necessidades e desejos do meu público-alvo?
- Onde meu público-alvo está presente no ambiente digital?

2. Proposta de valor

A segunda etapa do Canvas Estratégico de Marketing Digital é definir sua proposta de valor. Sua proposta de valor é a promessa que sua empresa faz aos seus clientes sobre os benefícios que eles receberão ao usar seus produtos ou serviços. É importante que sua proposta de valor seja clara, diferenciada e relevante para seu público-alvo. Para definir sua proposta de valor, você deve considerar as seguintes perguntas:

- Quais são os principais benefícios que seus produtos ou serviços oferecem?
- Como seus produtos ou serviços se diferenciam da concorrência?
- Por que seus clientes escolheriam seus produtos ou serviços em vez dos da concorrência?

3. Produto/Serviço

A terceira etapa do Canvas Estratégico de Marketing Digital é definir seu produto ou serviço. É importante que você tenha uma compreensão clara dos produtos ou serviços que sua empresa oferece e como eles se relacionam com sua proposta de valor e persona/segmento definido anteriormente. Para definir seu produto ou serviço, você deve considerar as seguintes perguntas:

- Quais são os principais produtos ou serviços que sua empresa oferece?
- Como seus produtos ou serviços atendem as necessidades e os desejos de sua persona/segmento?
- Como seus produtos ou serviços se relacionam com sua proposta de valor?

4. Posicionamento

A quarta etapa do Canvas Estratégico de Marketing Digital é definir seu posicionamento. Seu posicionamento é como sua empresa, ele é percebido pelos clientes e pelo mercado em geral. É importante que seu posicionamento seja claro, diferenciado e relevante para sua persona/segmento. Para definir seu posicionamento, você deve considerar as seguintes perguntas:

- Como sua empresa é percebida pelos clientes e pelo mercado em geral?
- Como sua empresa se diferencia da concorrência?
- Qual é a imagem que sua empresa deseja transmitir aos seus clientes?

5. Estratégias e canais de presença digital e performance

A quinta etapa do Canvas Estratégico de Marketing Digital é definir suas estratégias e canais de presença digital e performance. Essas estratégias e canais são as táticas que sua empresa usará para alcançar seus objetivos de marketing digital. É importante que você selecione as estratégias e os canais certos com base nas necessidades e desejos de sua persona/segmento. Para definir suas estratégias e canais de presença digital e performance, você deve considerar as seguintes perguntas:

- Quais são as principais estratégias de marketing digital que sua empresa usará?
- Quais canais digitais sua empresa usará para alcançar sua persona/segmento?
- Como sua empresa medirá o sucesso de suas estratégias e canais de presença digital e performance?

6. Monitoramento e análise

A sexta etapa do Canvas Estratégico de Marketing Digital é definir seu monitoramento e análise. É importante que sua empresa monitore e analise regularmente o desempenho de suas estratégias e canais de presença digital e performance para garantir que estejam gerando os resultados esperados. Para definir seu monitoramento e análise, você deve considerar as seguintes perguntas:

- Quais métricas sua empresa usará para monitorar o desempenho de suas estratégias e canais de presença digital e performance?
- Com que frequência sua empresa analisará seus dados de marketing digital?
- Como sua empresa usará esses dados para otimizar suas estratégias de marketing digital?

7. Plataformas/Tecnologias

A sétima etapa do Canvas Estratégico de Marketing Digital é definir suas plataformas/tecnologias. É importante que sua empresa use as plataformas e tecnologias certas para suportar suas estratégias de marketing digital. Para definir suas plataformas/tecnologias, você deve considerar as seguintes perguntas:

- Quais plataformas digitais sua empresa usará para alcançar sua persona/segmento?
- Quais tecnologias sua empresa usará para suportar suas estratégias de marketing digital?
- Como sua empresa escolherá as plataformas e tecnologias certas para suportar suas estratégias de marketing digital?

8. Equipe interna

A oitava etapa do Canvas Estratégico de Marketing Digital é definir sua equipe interna. É importante que sua empresa tenha a equipe certa para implementar suas estratégias de marketing digital. Para definir sua equipe interna, você deve considerar as seguintes perguntas:

- Quais habilidades são necessárias para implementar suas estratégias de marketing digital?
- Sua empresa tem as habilidades necessárias em sua equipe interna ou precisará contratar novos funcionários?
- Como sua equipe interna trabalhará em conjunto para implementar suas estratégias de marketing digital?

9. Parceiros/Fornecedores

A nona e última etapa do Canvas Estratégico de Marketing Digital é definir seus parceiros/fornecedores. É importante que sua empresa tenha parceiros e fornecedores confiáveis para apoiar suas estratégias de marketing digital. Para definir seus parceiros/fornecedores, você deve considerar as seguintes perguntas:

- Quais parceiros/fornecedores sua empresa precisa para implementar suas estratégias de marketing digital?
- Como sua empresa escolherá seus parceiros/fornecedores?
- Como sua empresa trabalhará com seus parceiros/fornecedores para implementar suas estratégias de marketing digital?

O Canvas Estratégico de Marketing Digital é uma ferramenta valiosa para empresários e gestores de empresas que desejam desenvolver estratégias eficazes de marketing digital. Ao seguir as nove etapas do Canvas, sua empresa pode identificar lacunas e oportunidades para melhorar o desempenho do negócio no ambiente digital.

Lembre-se de que o marketing digital é um processo contínuo e que é importante monitorar e analisar regularmente o desempenho de suas estratégias e canais de presença digital e performance. Com as estratégias certas e uma equipe dedicada, sua empresa pode obter resultados incríveis no ambiente digital.

Acesse e baixe a versão digital em: www.canvasdomarketingdigital.com.br

Canvas Estratégico de Marketing Digital

EMPRESA DE RESULTADOS

PERSONA/SEGMENTAÇÃO DE PÚBLICO

Quem são seus clientes-alvo?
Quais são suas necessidades, desejos e dores?
Quais são seus hábitos de compra e de consumo?
Como a empresa segmenta seu público-alvo?

PROPOSTA DE VALOR

O que a sua empresa oferece que é único e valioso para os clientes?
Qual é o seu diferencial em relação aos concorrentes?
Como essa proposta se diferencia da concorrência?
Quais os principais benefícios do seu produto/serviço?

PRODUTO/SERVIÇO/MARCA

Quais são os produtos/serviços oferecidos pela empresa?
Como esses produtos/serviços atendem às necessidades do mercado?
Qual é a história da marca e como ela se conecta com o público-alvo?

POSICIONAMENTO

Como o seu negócio se posiciona em relação à concorrência?
O que seu negócio representa?
Qual é a mensagem que a empresa quer transmitir para seus clientes?

PRESENÇA

ESTRATÉGIAS	CANAIS
Quais são os canais de presença digital que a empresa usa para se comunicar com seus clientes-alvo? Como a empresa usa esses canais para construir a marca e se conectar com os clientes? Quais são as táticas usadas para gerar engajamento e aumentar a presença digital?	Quais são os canais de presença digital que a empresa usa para construir a marca e se conectar com os clientes? Como a empresa usa esses canais para gerar engajamento? Como a empresa mede o sucesso desses canais e ajusta suas táticas com base nos resultados?

PERFORMANCE

ESTRATÉGIAS	CANAIS
Como a segmentação do público-alvo será feita para a estratégia de performance digital? Como a landing page será otimizada para a estratégia de performance digital? Quais são os formatos de anúncios mais eficazes para a estratégia? Quais são as palavras-chave relevantes para a estratégia de performance digital?	Quais são os canais de performance digital que a empresa usa para gerar mais receita? Como a empresa usa esses canais para aumentar as conversões? Como a empresa mede o sucesso desses canais e ajusta suas táticas com base nos resultados?

PLATAFORMAS/TECNOLOGIA

Quais são as ferramentas e plataformas de marketing digital que a empresa usa?
Como a empresa automatiza suas tarefas de marketing para economizar tempo e recursos?
Como a empresa personaliza sua comunicação com seus clientes-alvo?

MONITORAMENTO E ANÁLISE

Como a empresa mede o sucesso de suas ações de marketing digital?
Quais métricas são usadas para avaliar o desempenho da estratégia de marketing digital?
Como a empresa ajusta suas táticas com base nos resultados obtidos?
Como a empresa usa seus dados de marketing para tomar decisões?

EQUIPE INTERNA

Quais são os membros da equipe interna responsáveis pelas ações de marketing digital?
Como a equipe é estruturada e quais são as funções de cada membro?
Como a equipe se comunica e colabora para executar a estratégia de marketing digital?

PARCEIROS/FORNECEDORES

Quais fornecedores a empresa usa para executar suas ações de marketing digital e quais vai precisar contratar?
Como a empresa escolhe seus fornecedores e quais critérios são usados para avaliar seu desempenho?

@marcospaulo.marketing

"

O marketing é a ponte que liga a visão empreendedora aos resultados desejados, transformando possibilidades em realidade.

Marcos Paulo da Costa

Marcus Vinícius Tonin

De aluno nota 6 em Artes no colégio, que não se achava nada criativo, a um marqueteiro que lida com comunicação e criatividade todos os dias. Como isso foi acontecer? Sou Marcus Vinícius Tonin, formado em Marketing pela Universidade de Caxias do Sul, com especializações em *Branding* e em Marketing Digital. Há mais de 15 anos, estou desbravando o mundo da comunicação.

Atualmente sou consultor e palestrante de marketing, vendas e inovação pelo Sebrae/RS e professor na Universidade de Caxias do Sul. Sou sócio da empresa Beco do Tráfego, auxilio centenas de outras empresas a melhorarem o seu alcance na internet e sou o criador do @marketeiroconfesso, um projeto baseado em educação digital com mais de 15 mil alunos, que visa distribuir conteúdos relacionados ao marketing em todo o Brasil.

marketeiroconfesso

marcus@marketeiroconfesso.com.br

CONSTRUA UMA MARCA PESSOAL DE SUCESSO NA ERA DIGITAL

23

Por Marcus Vinícius Tonin

Eu realmente fui um aluno nota 6 em artes no colégio. Com certa dificuldade para desenhar, acreditava não ser muito criativo. Quando precisava falar em público, como responder às perguntas ou apresentar trabalhos, sentia-me nervoso e suava frio.

Na faculdade, ingressei no curso de Fisioterapia e, depois de algum tempo, percebi que não era bem isso que queria. Mudei, comecei a trabalhar em funções administrativas em uma empresa e me formei em Marketing. Tornei-me sócio de uma pequena gráfica, que se transformou em uma agência de publicidade e que acabou se transformando no negócio que tenho hoje.

Apesar disso, ainda não me era confortável o fato de estar entrando em um mundo que necessitava de comunicação e criatividade, habilidades (ou dons, como pensava na época) que não possuía. Ficava longe das funções que demandavam criatividade e comunicação, gastava meu tempo procurando profissionais que pudessem ocupar esses cargos. Mas isso me parecia cada vez mais difícil.

Depois de algum tempo, meu sócio e os colaboradores propuseram que eu ocupasse o posto de coordenar o processo criativo. Mas como isso poderia acontecer? Como poderia um aluno nota 6 em Artes ocupar o posto de maior criatividade dentro de uma agência?

Mesmo com desconfiança e obviamente não me sentindo nada preparado, decidi aceitar o desafio e, assim, lidar com a comunicação e a criatividade diariamente rondando os meus pensamentos. Dediquei-me a auxiliar meus colaboradores em seus papéis, mas fiquei distante da comunicação, não participando das postagens nas redes sociais, por exemplo, alegando a falta de tempo como maior desculpa para isso.

Apesar das melhorias evidentes na agência, decidimos encerrar as operações. Meu sócio seguiu para consultorias financeiras, enquanto continuei na área da comunicação, atendendo a clientes antigos e me envolvendo mais com o processo de consultorias de marketing.

Ao longo desse caminho, percebi a necessidade de me comunicar para aumentar o sucesso do meu negócio e, assim, criei o @marketeiroconfesso no Instagram. Como professor, compartilhava o conteúdo das minhas aulas, transformava *slides* em *posts* e, desse modo, tive a minha entrada definitiva no mundo da comunicação, dando início a uma experiência fascinante e de enormes resultados.

No marketing digital, enfrentei altos e baixos e cometi muitos erros. Descobri que errar faz parte desse mundo movimentado de tantas mudanças, erros que foram pontos valiosos de crescimento. Construí uma base de seguidores no Instagram, e expandi para outros canais e, assim aprendi que resultados expressivos requerem a construção de múltiplos canais, pois depender apenas de um pode ser arriscado e frágil para a construção de uma imagem verdadeiramente sólida.

Via meus resultados melhorarem desde o início, o que me motivava cada vez mais. As redes sociais permitiram que pessoas comuns ganhassem espaço e visibilidade. Acabamos nos tornando os grandes influenciadores dos nossos negócios. Ganhando mais confiança, mantinha uma comunicação consistente e construía minha autoridade nas redes sociais. E não se tratava de vendas mágicas, mas, sim, de vendas consistentes. Empresas reconheciam meu trabalho, eram impactadas pelo meu conteúdo e superavam objeções para contratar meus serviços.

Desenvolvi um método para incentivar e trazer a compreensão clara sobre a importância da exposição por meio do marketing digital. Muitos desistem no meio do caminho, alegando falta de tempo, mas é crucial valorizar o impacto e priorizar essa jornada. É essencial ter clareza sobre o seu propósito e o valor que isso trará para você, sua família e as pessoas ao seu redor, em vez de encarar como uma atividade que será feita quando lhe sobrar um tempo. Se você cuidar da sua imagem nas horas vagas, você terá um resultado de horas vagas; se cuidar da sua imagem como um trabalho, você obterá resultados de trabalho.

Após 5 anos de muitas consultorias, treinamentos e palestras, orientando milhares de pessoas a desenvolverem a sua autoridade digital, desenvolvi 6 passos práticos que lhe ajudarão a compreender o movimento do marketing digital. E, antes de iniciar, tenha isso em mente: não se trata de construir a sua marca dentro do marketing digital, trata-se de construí-la ela em um mundo digital. Seguindo e ajustando esses passos, você estará mais próximo de alcançar seus melhores resultados, seja para sua carreira ou negócio. Vamos a eles.

1 – Quem

Precisamos identificar as pessoas envolvidas na estratégia de construção da sua imagem nos canais digitais, responsáveis pela estratégia, redação, *design*, vídeos, entre outras tarefas. É importante considerar a capacidade de entrega dos envolvidos, que pode ser apenas você, para garantir uma execução eficiente.

2 – Onde

Escolha um canal de comunicação inicial com base no seu público e nas suas habilidades de comunicação. Comece em um canal e expanda gradualmente para outros, evitando depender apenas de um. A escolha do canal adequado impulsionará sua estratégia de construção de autoridade e comunicação.

3 – Quanto

A quantidade ideal de postagens depende de quem e do canal escolhidos. Leve em consideração sua capacidade de execução e as demandas específicas de cada canal. Defina uma quantidade mínima semanal para garantir sua presença e evite variações até que possa aumentar e manter essa frequência. A consistência levará a um maior volume no canal escolhido e facilitará a expansão para outros canais no futuro. Lembre-se de que a comunicação sempre exigiu volume e consistência, mesmo antes de existir a internet.

4 – Quando

Defina uma rotina de postagens, escolhendo os dias em que irá publicar e mantenha essa regularidade. Evite fazer alterações frequentes, a menos que haja uma mudança na quantidade de postagens. A repetição e a consistência são essenciais para fortalecer sua presença e gerar confiança na sua audiência. Quanto mais as pessoas lhe virem, mais lembrarão de você.

5 – O quê

O conteúdo é um dos maiores desafios ao construir sua presença digital. Para facilitar, dividi o conteúdo em 3 pilares:

1°) Produto ou serviço: é o mais utilizado nos canais digitais em que ocorre a exposição intencional dos produtos ou serviços oferecidos no mercado. Muitas pessoas se concentram apenas nesse pilar, criando um catálogo de ofertas. No entanto, é importante ressaltar que esse é apenas um dos pilares para construir uma imagem sólida na internet.

2°) Entretenimento: produzir conteúdo de entretenimento não compromete a seriedade ou qualidade dos seus produtos/serviços. A maioria das pessoas busca por entretenimento nas redes sociais, por isso é importante criar conteúdo agradável e envolvente. Isso não significa dançar no TikTok, mas, sim, oferecer um conteúdo leve e interativo, que mantenha o público engajado. Relacionar-se com marcas bem-humoradas e leves é mais atrativo para os consumidores.

3°) Conhecimento: compartilhar conhecimento é fundamental para construir autoridade e gerar confiança com a sua audiência. Ao educar e ensinar, você se posiciona como especialista, o que pode levar a melhores resultados e vendas. Compartilhe conhecimentos além do seu produto ou serviço, abrangendo temas relacionados, e aproveite o gatilho mental da reciprocidade para criar conexões duradouras.

Integrando esses pilares na sua comunicação, você pode educar, entreter e resolver problemas da sua audiência, construindo autoridade e confiança. Encontre o equilíbrio adequado entre eles para criar uma estratégia eficaz de comunicação.

6 – Como

Por fim, defina os formatos de conteúdo para os canais. Comece com os formatos em que você se sente mais confortável (como textos ou vídeos). Diversifique para alcançar uma audiência ainda maior. Os vídeos são poderosos para construir imagem, aumentar autoridade e transmitir mensagens eficazes. Mesmo que não tenha habilidade com vídeos no início, é recomendado trabalhar para incorporá-los à estratégia. Adaptar-se aos diferentes formatos da comunicação contribui para obter melhores resultados na sua estratégia.

Tolstoi disse: "Todas as famílias felizes se parecem, cada família infeliz é infeliz à sua maneira." A frase me fez refletir sobre o meu trabalho no marketing digital. As estratégias bem-sucedidas compartilham características, como organização, definição clara dos envolvidos, construção de canais, frequência, manutenção, variação de conteúdos e formatos e, principalmente, persistência. Por outro lado, as estratégias que não apresentam bons resultados sempre mencionam uma desculpa diferente.

A pergunta que fica é a seguinte: de que lado você quer estar, das estratégias que geraram grandes resultados ou das que inventaram uma desculpa para não executarem o que era proposto? Cito a frase do futurista Alvin Toffler, que diz: "O analfabeto do século XXI não é aquele que não sabe ler e escrever, mas aquele que não consegue aprender, desaprender e reaprender."

Por isso, desafio você a iniciar ou aprimorar sua imagem no canal digital de sua escolha, comunicando o que vende e o que entrega. Esses pontos são diferentes, e, muitas vezes, as pessoas procuram você apenas pelo que você vende, mas o que entrega é muito mais valioso. Quando a percepção do público se alinha com sua entrega real, seu valor de mercado muda, e é por isso que pagamos mais por produtos, serviços e marcas que entregam valor e não apenas produtos ou serviços.

Por exemplo, no meu caso, faria esse movimento em formato de vídeo nos *stories* do meu Instagram:

- O que vendo: mentorias, treinamentos e palestras ligados aos assuntos de marketing, marketing digital e *branding*.

- O que entrego: o auxílio para pessoas comprometidas, que buscam elevar os seus resultados por meio de uma comunicação empática e verdadeira.

Está mais confiante para dar o próximo passo e expandir sua presença digital? Então vamos continuar esta conversa. Marque @marketeiroconfesso para que eu possa ver, compartilhar e lhe ajudar nesta jornada. Agora é a sua vez!

"

Não se trata de construir a sua imagem no marketing digital, trata-se de construir ela em um mundo digital.

Marcus Vinícius Tonin

Michelle Batista

Caros amigos, sou Michelle Batista, natural de Montes Claros, Minas Gerais. Atualmente resido em Curvelo/MG, com a minha amada família. Ao lado do meu marido, Wanderley Santos, compartilho uma união significativa há 20 anos. Nossa família inclui nossos preciosos filhos Lucas, Gabriel, Evelyn Maria e Vítor, fontes de orgulho e esperança.

Como empresária, palestrante e consultora de relacionamentos, meu propósito é auxiliar as pessoas a encontrarem um equilíbrio emocional nas relações. Como criadora do Método Feeling Recover, que tem como fundamentos essenciais os 3 pilares mais significativos na vida do ser humano, os 3 F (Fé, Família e Finanças), testemunhei inúmeras mudanças ao auxiliar pessoas a fortalecerem o reavivamento do amor e a busca pela felicidade. Convido-os a trilharem junto comigo o caminho do autoconhecimento e da reconstrução emocional. Com carinho, Michelle Batista.

_michellebatista

+55 (38) 99754-3767

michelle.empreendedora1@gmail.com

DESEJA EMPREENDER? VAMOS DESCOBRIR POR ONDE COMEÇAR!

24

Por Michelle Batista

Primeiramente, é uma honra poder compartilhar com vocês um pouco da minha trajetória empreendedora. Gostaria de iniciar o meu capítulo escrevendo um pouco sobre como identifiquei minha habilidade no empreendedorismo. Percebi o meu espírito de liderança quando era adolescente, ao tomar iniciativa em tudo que me propunha a fazer, desde um trabalho escolar em grupo, ser coordenadora de equipes, palestrante em grupo de jovens, até o início das minhas atividades profissionais aos 14 anos, como coreógrafa em eventos escolares, promotora de produtos de beleza e o ingresso na formação superior, como professora de Educação Física.

No período, até concluir a minha graduação, fui estagiária na faculdade e professora em escolas e academias. Após me formar, fui também professora efetiva do município e no Ensino Superior. Concluí a pós-graduação em Docência no Ensino Superior com ênfase em Tecnologias da Educação e o mestrado em Gestão Empresarial, o qual foi o maior divisor de águas e meu encorajador na área do empreendedorismo.

Foi uma linda jornada até aqui, quando estamos completando 7 anos de empresa, fora da minha cidade natal, cidade essa em que me exonerei de um cargo efetivo para administrar, hoje, a empresa da nossa família e também chegar a criar a minha própria empresa como palestrante, consultora de relacionamentos e promotora de produtos on-line, que motiva mulheres cotidianamente. Tendo em vista a minha trajetória, pensei em trabalhar este capítulo após observar que muitas pessoas desejam iniciar a sua jornada empreendedora e não sabem por onde começar.

Nesse sentido, serão necessários vários aspectos fundamentais, como:

1. Identificar o seu perfil pessoal para evitar futuras frustrações, pois características empreendedoras, como espírito de liderança, capacidade de lidar com pressões e desafios, não podem faltar em um perfil empreendedor. Antes de tomar uma decisão na vida, é importante considerar não apenas os desejos, mas também o seu perfil individual. Ser concursado ou funcionário não é desmerecedor, pois proporciona grande estabilidade financeira, porém, na vida do empreendedor, já existem vantagens relevantes, como ter o controle sobre o próprio tempo e a oportunidade de aumentar os seus ganhos financeiros,

2. É necessário descobrir o que faz o seu coração pulsar forte e as habilidades que o impulsionam, seja na criação de um produto que o encante ou na prática de um serviço que lhe traga realização. Ao fazer a sua escolha, certifique-se de ter a destreza necessária para propagar com maestria aquilo que lhe move.

3. Faça uma pesquisa de mercado para entender a demanda e a concorrência. Realize pesquisas, coletando preciosos dados sobre seu público-alvo, suas necessidades e anseios, analisando as tendências do mercado. Além disso, busque sabiamente a lucratividade, para embasar suas decisões com maestria e posicionar seu negócio de maneira estratégica, pavimentando o caminho rumo ao sucesso.

4. Desenvolva um plano de negócios com visão, objetivos e estratégias. Isso inclui descrever o mercado-alvo, identificar a proposta de valor, definir metas financeiras, planejar estratégias de marketing e estabelecer um plano de execução. O plano de negócios serve como um guia para o empreendimento e auxilia na tomada de decisões fundamentais.

5. Determine a estrutura legal do seu negócio. A estrutura jurídica de seu empreendimento desempenha um papel crucial na definição do formato adequado, seja como empresa individual, sociedade ou corporação, considerando minuciosamente questões de responsabilidade legal, tributação e conformidades jurídicas. Nesse intuito, é imprescindível buscar o auxílio de profissionais especializados, como contadores e advogados, a fim de obter orientações precisas e personalizadas acerca da opção mais vantajosa para o seu negócio, levando em conta as suas necessidades e circunstâncias específicas.

6. Levante o seu capital de forma cuidadosa. Considere opções de financiamento, economias pessoais, empréstimos e/ou investidores e fiquem atentos às taxas de juros quando se tratar de bancos. Não acredite no caminho mais fácil, e sim, no caminho que será mais vantajoso economicamente;

7. Crie uma marca e um plano de marketing, incluindo identidade visual e presença on-line. Comece definindo a sua identidade visual, com logo e cores. Em seguida, estabeleça uma estratégia de marketing, identificando seu público-alvo, canais de comunicação e táticas promocionais. Construa uma presença on-line por meio de um *website* e presença nas redes sociais, utilizando conteúdo relevante e interações com o público. Monitore e ajuste suas estratégias conforme for necessário para aumentar a visibilidade e o engajamento da sua marca.

8. Cultive relacionamentos, participe de eventos, ofereça ajuda e esteja disposto a colaborar. Essas conexões podem trazer oportunidades de negócios, parcerias e mentorias.

A omissão desses elementos, na estruturação do empreendimento, pode acarretar desdobramentos indesejáveis, como:

1. A carência de um direcionamento, na hora de identificar o seu perfil pessoal e de descobrir o que teria grande satisfação em exercer, dificultará estabelecer um propósito claro para o seu negócio, trazendo dificuldades para definir objetivos, criar estratégias e desenvolver habilidades para o seu empreendimento.

2. A ausência de uma pesquisa apropriada de mercado pode resultar em um produto ou serviço inapropriado, incapaz de satisfazer as demandas do mercado e/ou negligenciar a concorrência, acarretando o insucesso do empreendimento.

3. A inexistência de um planejamento estratégico e um plano de ação sólido torna as decisões baseadas em suposições ou improvisações, aumentando os riscos e diminuindo as chances de sucesso nos negócios.

4. A escassez de uma estrutura legal adequada pode expor o negócio a problemas legais e tributários, envolvendo questões de responsabilidade, registros e obrigações fiscais, o que pode levar a empresa a dificuldades para se proteger legalmente e cumprir as exigências regulatórias necessárias.

5. A falta de um planejamento de investimento adequado, em relação à utilização dos recursos financeiros do seu negócio, poderá acarretar

dificuldades para manter e obter o capital suficiente para iniciar ou expandi-lo. Isso pode limitar o crescimento e a sustentabilidade da empresa, comprometendo sua viabilidade a longo prazo.

6. A criação de uma marca e um plano de marketing é essencial para atrair clientes e se destacar no mercado. Sem uma presença online e uma estratégia de marketing eficaz, a empresa pode ter dificuldade de alcançar seu público-alvo e enfrentar uma falta de visibilidade e reconhecimento.

7. Estabelecer uma significativa rede de contatos é essencial para receber suporte, mentoria e participar de eventos relevantes, garantindo que nenhuma oportunidade de negócio seja perdida. Essas conexões valiosas impulsionam o empreendimento, proporcionando um ambiente propício para o crescimento e o sucesso.

Atenção: ao iniciar um empreendimento, o início deve ser de forma modesta e requer muito zelo e cuidado. Já ao expandir, o conhecimento adquirido por meio dos erros cometidos trará adaptações necessárias para o modelo de negócio, elemento crucial para se obter sucesso a longo prazo. Sem essa abordagem de aprendizado constante, a empresa pode enfrentar grandes obstáculos e não se ajustar às transformações do mercado, não reconhecendo possibilidades de expansão e não aprimorando a eficácia operacional.

No geral, não utilizar esses elementos pode levar a um empreendimento desorganizado, com dificuldades financeiras, falta de visibilidade, problemas legais e dificuldade em se adaptar às demandas do mercado. É importante considerar e aplicar esses aspectos para aumentar as chances de sucesso e crescimento sustentável do negócio.

Querido(a) empreendedor(a), lembre-se de que o primeiro passo para realizar seus sonhos é acreditar em si mesmo(a). Tenha coragem para enfrentar os desafios, determinação para persistir diante das adversidades e paixão pelo que faz. No caminho empreendedor, você encontrará obstáculos, mas cada um deles será uma oportunidade de crescimento e aprendizado. Mantenha-se focado(a) em sua visão, mantenha a mente aberta para novas ideias e nunca deixe de buscar conhecimento.

Seja ousado(a), inove, faça a diferença. Lembre-se de que o sucesso não é medido apenas pelo resultado final, mas também pela jornada que você percorre e pelo impacto que causa na vida das pessoas. Portanto, siga em frente com determinação, confie no seu potencial e se lembre de que o mundo precisa da sua criatividade, da sua paixão e do seu espírito empreendedor.

Seja um exemplo, seja uma empresa que todos queiram trabalhar e se lembre de que empreender requer dedicação, persistência e resiliência, qualidades essenciais para o empreendedor. Dedicação envolve o comprometimento total com o seu negócio, investindo tempo e energia necessários para alcançar seus objetivos. A persistência como capacidade de continuar perseverando mesmo diante de obstáculos e desafios, mantendo o foco e buscando soluções alternativas. A resiliência, que é a habilidade de se adaptar às adversidades, aprender com os fracassos e superar as dificuldades com determinação e flexibilidade. Essas características são fundamentais para enfrentar os altos e baixos do empreendedorismo, permitindo que você se recupere rapidamente, aprendendo com os erros e seguindo em frente com motivação e coragem. Seja a inspiração que você deseja ver no mundo. Boa sorte em sua incrível jornada empreendedora!

"

Seja para o outro
alguém que você
gostaria de ter por
perto todos os dias.

Michelle Batista

Negimar Júnior

Olá! Sou Negimar Júnior, natural de Rio Verde, Goiás, e resido em Aparecida de Goiânia/GO. Sou casado e tenho três filhos. Sou empresário, escritor e CEO do Grupo JR. Há mais de 20 anos no mercado, atendendo clientes e empresários, desde grandes a pequenas empresas. No momento, estou atuando em todo Centro-Oeste, Norte e Nordeste do país.

Já fui jogador profissional e atuei em alguns clubes. Minha zona de conforto é pescar e me reunir aos fins de semana com amigos e familiares. Sobre minha história de sucesso, passei por vários e vários desafios, mas sempre tive comigo que a palavra desistir não fazia parte da minha carreira nem do meu objetivo.

negimar_junior

+55 (62) 98498-8924

njunior@grupojrgo.com

Negimar Júnior

PRIMEIRO VOCÊ CRESCE, DEPOIS SUA EMPRESA CRESCE

25

Por Negimar Júnior

Comecei a empreender muito novo, mas, como todos sabem, existem vários desafios no caminho. Ao longo da minha jornada, percebi que abrir uma empresa não era apenas ter um CNPJ, comprar ou vender, mas, sim, entender que meu conhecimento teria que ser amplo em vários setores do mercado. Os desafios foram acontecendo, e confesso que, muitas vezes, me encontrei perdido.

Os anos foram se passando e as dificuldades só aumentando, e me vi várias vezes em um beco sem saída, até pensei em desistir. Fui criticado por pessoas nas quais buscava apoio, incluindo familiares, então percebi que estava sozinho. Precisava buscar o conhecimento pessoal e profissional para começar uma nova etapa na minha carreira. Foi aí que decidi estudar o empreendedorismo e, para isso, busquei conhecimento com alguns empresários. Eles estavam há muito tempo no mercado, mas me deparei que para eles também foi complicado no início da carreira, então percebi que não estava sozinho nessa.

Foram várias noites em claro, vários meses viajando por todo o país, longe de família e amigos. Descanso? Descanso era uma palavra de luxo para mim. Então, com toda essa experiência, veio a virada de chave na minha carreira. Os principais pontos em que obtive o sucesso foram primeiramente ser reconhecido no seguimento em que atuo, por isso comecei uma grande mudança na gestão da minha empresa, buscando profissionais qualificados para cada setor; em segundo, mas o fundamental, foi o meu conhecimento em todos os setores, que são eles: fiscal, financeiro, logístico, RH e, o principal deles, o comercial, no qual me encontrei.

E, com toda essa experiência, estava nascendo o Grupo JR, considerado hoje uma das maiores empresas do seguimento de descartáveis, produtos químicos e hospitalares. Com isso, resolvi passar toda a minha *expertise* de 20 anos de mercado para os pequenos, médios e grandes empresários, para que eles pudessem alavancar seus negócios com menos dificuldades.

Segundo ponto, devido à grande procura dos mais de 5 mil clientes que atendo, por conhecimento, o qual seria a chave do meu sucesso, decidi começar a minha consultoria empresarial, dando acesso a todos eles e a quem mais se interessasse por esses 20 anos de aprendizado de mercado. Deixo aqui algumas dicas e ações que, ao longo do tempo, são primordiais para o empreendedor.

1. Encontre uma paixão: começar um negócio em algo pelo que você é apaixonado aumenta suas chances de sucesso e mantém sua motivação elevada.

2. Pesquisa de mercado: entenda seu público-alvo, concorrentes e tendências do mercado antes de iniciar seu empreendimento.

3. Plano de negócios sólido: crie um plano detalhado com metas claras, estratégias de marketing e projeções financeiras realistas.

4. Aprenda com os erros: erros fazem parte do processo, analise-os e os use como oportunidades para aprender e melhorar.

5. Foco no cliente: satisfaça as necessidades dos seus clientes e ofereça um ótimo atendimento.

6. *Networking*: conecte-se com outros empreendedores e profissionais da sua área para obter suporte e conhecimento.

7. Gestão financeira cuidadosa: monitore suas finanças de perto, controle custos e mantenha registros precisos.

8. Inovação constante: esteja aberto a mudanças e inovações para manter sua empresa relevante no mercado.

9. Equipe talentosa: contrate pessoas talentosas e comprometidas que complementem suas habilidades e visão.

10. Persistência: o empreendedorismo pode ser desafiador, mas a persistência é fundamental para superar obstáculos e alcançar o sucesso.

Lembre-se de que o empreendedorismo é uma jornada contínua de aprendizado e adaptação. Não poderia, também, ficar sem dar algumas dicas sobre vendas, que para mim é o setor mais importante da empresa. Não adianta ter os melhores equipamentos ou os melhores colaboradores. Se a empresa não tem venda, tudo isso morre no meio do caminho.

1. Conheça o produto ou serviço que você está vendendo: entenda os benefícios e as características para explicá-los aos clientes de forma convincente.

2. Ouça os clientes atentamente: compreender suas necessidades permitirá oferecer soluções mais adequadas e personalizadas.

3. Desenvolva empatia e conexão com os clientes: mostre interesse genuíno em ajudá-los, criando um relacionamento de confiança.

4. Aperfeiçoe suas habilidades de comunicação: seja claro, persuasivo e assertivo, mas também saiba ouvir e responder às objeções dos clientes.

5. Aprenda técnicas de negociação: saiba como encontrar um equilíbrio entre os interesses do cliente e os da empresa.

6. Mantenha-se atualizado sobre o mercado e a concorrência: isso o ajudará a se destacar e oferecer diferenciais aos clientes.

7. Seja proativo e persistente: não desista facilmente e esteja disposto a buscar novas oportunidades.

8. Trabalhe com foco e organização: estabeleça metas claras e siga um plano para alcançá-las.

9. Demonstre confiança e entusiasmo: isso inspira confiança nos clientes e torna a experiência de compra mais agradável.

10. Aprenda com cada experiência de venda: identifique pontos fortes e áreas de melhoria para se aprimorar continuamente.

Lembre-se de que o sucesso nas vendas requer esforço, paciência e aprendizado contínuo. Porém, como todos sabem, ser empreendedor não é um mar de rosas, são muitos desafios e medos, mas o mais importante é sempre acreditar. As dificuldades de ser empreendedor podem ser diversas. Algumas delas incluem:

- incerteza financeira: iniciar um negócio envolve riscos financeiros significativos, e pode levar algum tempo até que a empresa comece a gerar lucros consistentes;

- responsabilidade e carga de trabalho: como empreendedor, você é responsável por todas as decisões e ações relacionadas ao negócio, o que pode resultar em uma carga de trabalho intensa e pressão constante;

- concorrência acirrada: em muitos setores, a concorrência é alta, o que significa que é necessário destacar-se para ganhar e manter clientes;

- equilíbrio entre vida pessoal e profissional: a dedicação ao negócio pode comprometer o equilíbrio entre vida pessoal e profissional, levando a um alto nível de estresse;

- gerenciamento de recursos: gerenciar recursos limitados, como tempo, dinheiro e talento, pode ser um desafio constante para os empreendedores;

- mudanças no mercado: o cenário empresarial está sempre evoluindo, e os empreendedores precisam se adaptar rapidamente às mudanças do mercado e às tendências;

- aspectos legais e burocráticos: lidar com regulamentações, impostos e questões legais pode ser complicado e requer um bom entendimento das leis empresariais;

- ciclo de venda e fluxo de caixa: alguns negócios podem ter um ciclo de venda longo, o que pode afetar o fluxo de caixa e a estabilidade financeira da empresa; e

- falta de apoio e solidão: ser empreendedor pode ser solitário, pois você, muitas vezes, precisa tomar decisões difíceis sozinho, sem uma equipe para compartilhar as responsabilidades.

Apesar dessas dificuldades, muitos empreendedores encontram satisfação e sucesso ao superarem os obstáculos e alcançarem seus objetivos empresariais. É importante estar preparado para enfrentar esses desafios e buscar apoio e conhecimento sempre que possível.

O crescimento pessoal é um processo contínuo de desenvolvimento que envolve a expansão de habilidades, conhecimentos e autoconsciência de uma pessoa. Isso pode incluir a busca de metas, a superação de desafios, o aprendizado com experiências e o aprimoramento das habilidades emocionais e sociais. É uma jornada que permite o autoaperfeiçoamento e a evolução ao longo da vida.

Lidar com as dificuldades de ser empresário pode ser desafiador, mas há algumas estratégias úteis que você pode adotar.

- Eduque-se: busque cursos, *workshops* e livros sobre empreendedorismo, gestão e resolução de problemas para melhorar suas habilidades.

- *Networking*: conecte-se com outros empresários, participe de grupos e eventos relacionados ao seu setor para trocar experiências e conselhos.

- Gerencie seu tempo: organize suas tarefas e defina prioridades para evitar sobrecarga e estresse.

- Seja resiliente: aceite que obstáculos são parte do caminho e esteja disposto a aprender com os erros e a se adaptar.

- Crie uma equipe sólida: contrate pessoas qualificadas e confiáveis para apoiá-lo na jornada empreendedora.

- Estabeleça metas realistas: defina objetivos alcançáveis e acompanhe o progresso para se manter motivado.

- Cuide da saúde mental: pratique hábitos saudáveis, como exercícios físicos e meditação, para lidar com o estresse e a pressão.

- Busque orientação profissional: considere a possibilidade de ter um mentor ou contratar consultorias especializadas para enfrentar desafios específicos.

Lembre-se de que cada empreendimento é único e que aprender com as experiências e se adaptar ao ambiente em constante mudança é essencial para ter sucesso como empresário. Boa sorte em sua jornada empreendedora!

"

O verdadeiro triunfo não está apenas em conquistar riquezas, mas sim em criar um legado que inspire e transforme vidas e pessoas ao nosso redor.

Negimar Júnior

Priscila Toledo

Meu nome é Priscila Toledo. Sou filha de Gedair e Lúcia, meus alicerces, a quem dedico esta obra. Natural de Brasília, onde resido hoje com minha família: meus filhos, Luquinhas, Ana Maria e Samuel, e meu esposo, Lucas Lima. Contadora e especialista em planejamento financeiro pessoal, trabalho há 17 anos nas áreas financeira, contábil e orçamentária, e há 3 anos com a educação financeira.

Dou cursos, consultorias individuais e palestras sobre educação financeira e planejamento financeiro pessoal (uma paixão encontrada depois de anos trabalhando com números). Ainda estou construindo a minha história de sucesso, já superei grandes desafios nessa caminhada, e são esses desafios que quero compartilhar com vocês. Venho com a missão de contribuir.

organizaquedafinancas_priscila

+55 (61) 98116-5654

priscila.toledo@hotmail.com.br

Priscila Silva Lima Toledo

COMECE DO ZERO, MAS COMECE

26

Por Priscila Toledo

Conservadora, sempre busquei a segurança e a estabilidade profissional e financeira. Financeiramente, sempre busquei controlar meu dinheiro, meus gastos, fazer planejamentos para realizar aquilo que tanto sonhava sem perder o controle financeiro da situação. Mesmo não tendo uma renda alta, sempre consegui alcançar algumas metas, mas, após a chegada dos filhos, começamos a ver a necessidade de antecipar alguns sonhos. Foi então que surgiu a ideia de começar a empreender.

"Mas será que empreender poderá me trazer uma segurança financeira? Será que sou capaz de empreender? Que experiência eu tenho para isso?" Até que entendi que empreender é uma habilidade que pode ser desenvolvida por qualquer pessoa.

Empreenda em alguma coisa que vai lhe dar prazer

Sempre gostei de ver as coisas organizadas. Quando pequena, mantinha meu quarto sempre arrumado, as bonecas no lugar, todas arrumadinhas. É assim também na minha vida adulta. Agora não mais com bonecas, mas com meu dinheiro. Desde o meu primeiro salário, que não era muita coisa, já separava ele de forma organizada para que eu pudesse fazer o que precisava ser feito e não faltasse no final do mês. E, coincidência ou não, na minha vida profissional, acabei caindo em áreas correlatas ao controle e planejamento financeiro.

As pessoas me procuravam para pedir conselhos para organizar suas vidas financeiras: umas queriam apenas organizar suas finanças para começarem a poupar e a realizar alguns sonhos, outras queriam mesmo sair do caos das dívidas, do aperto financeiro. Então surgiu a ideia de dar dicas financeiras em uma rede social, assim, conseguiria alcançar e ajudar um maior número de pessoas. Só não imaginava que daí sairia a ideia de empreender.

Confesso que nunca havia pensado em empreender com isso. Quando pensava em procurar uma segunda fonte de renda com meu esposo, sempre pensávamos em algo físico e comum. Já pensamos em abrir uma loja de roupa ou até mesmo uma cafeteria. Mas abrir uma loja de roupas como, se não nos identificamos com esse ramo? Abrir uma cafeteria simplesmente porque eu adoro tomar café? É preciso ter conhecimento e principalmente se identificar com o negócio.

Um dia, lendo um livro de empreendedorismo, como este que você está lendo, li a seguinte frase: "Empreenda em algo que você faria até de graça." Era a resposta que eu precisava. Ajudar as pessoas a se organizarem financeiramente era quase que um *hobby* para mim.

Mas como monetizar isso? O que será que as pessoas vão pensar? Será que sou capaz? " Nesse momento, os medos começam a me travar.

Os seus medos não podem lhe parar

Sempre escutei do meu pai que os medos podem nos salvar de muitas coisas, e concordo com isso, mas levei tão a sério, que passei a vida toda com medo de arriscar naquilo que não estava no meu controle. E, às vezes, precisamos ser ousados.

Meu pai, por um longo tempo da vida, trabalhou em uma empresa, até que um dia, resolveu abrir seu próprio negócio. Participei desse processo, vi meu pai passando muitas dificuldades para começar, vi meu pai passando por grandes obstáculos para recomeçar. Hoje, meu pai e minha mãe são donos do próprio negócio, e, apesar disso, o medo de que comigo não fosse dar certo perseguia meus pensamentos. No fundo, era uma forma de meu cérebro me proteger de uma eventual frustração que pudesse ter comigo mesma.

Empreender é fazer tudo aquilo que sempre tive medo, arriscar em algo que não estaria totalmente no meu controle. Mas sabia que precisava começar a quebrar esses medos. Entendam, os medos sempre existirão. Como disse, acredito que eles nos salvam de muitas coisas, mas, às vezes, eles também nos travam de viver coisas grandiosas. É preciso saber separar os medos, existe um limite entre ser ousado e ser negligente. O que eu buscava era a ousadia que ainda não tinha.

Então comecei a levar comigo a seguinte frase: "Está com medo? Vai com medo mesmo!". Onde chegaria? Não sabia! Entendi que nem tudo posso controlar e que, melhor que a chegada, é a caminhada. Assim, aqui estou eu, apreciando a caminhada. Sem pressa, porque acredito que a pressa, às vezes, nos atrasa. Não sei ainda onde chegarei, mas falaremos sobre isso no decorrer destas páginas.

Comece com os recursos que você tem

Com toda certeza, você já deve ter ouvido a frase: "O feito é melhor que o perfeito." Certo? Mas já parou para pensar na lógica por trás dessa frase? Quando, então, decidi começar a ensinar as pessoas sobre educação financeira e a monetizar isso, deparei-me com vários questionamentos do tipo: quais ferramentas tenho para prestar uma consultoria? Pensei logo no custo que teria, porque minha referência eram alguns consultores da área de educação financeira, que já são bem reconhecidos e têm equipamentos modernos, local físico, sistemas de planejamento financeiro etc. Eu tinha apenas um celular, conhecimento e experiência com finanças pessoais.

E pensar assim me travou por alguns dias. Ficava pensando em como levantar recursos para comprar ao menos um equipamento para fazer uma aula on-line digna. Até que, um dia, uma pessoa me procurou querendo uma consultoria para organizar sua vida financeira e já queria começar de imediato. Eu vi pelo tom de voz dela que era algo realmente urgente e disse sim, mas não sabia como faria. Foi então que usei os recursos que tinha naquele momento: um celular. Fiz uma ligação de vídeo para o cliente e por ali conversamos por duas horas. Foram apenas duas sessões, e ele conseguiu ter uma luz sobre a decisão que precisaria tomar naquele momento.

Ele saiu tão satisfeito que aquilo aqueceu meu coração e me fez entender o significado do "feito é melhor que o perfeito". Aquela situação podia não estar perfeita aos meus olhos, achava que precisava de uma boa estrutura para fazer um atendimento, mas foi perfeito para o cliente, que esperava de mim apenas uma solução ou um conselho para tomar a melhor decisão.

E assim fiz mais algumas sessões com outros clientes, por ligação de vídeo de celular, até que fui buscando outras ferramentas para melhorar as aulas, criei uma planilha, fiz uma apresentação, assinei uma plataforma para reuniões online etc. Ainda estou bem longe de ter aquela estrutura que citei algumas linhas antes, mas estou dando o meu melhor com os recursos que tenho hoje, até que eu tenha recursos melhores. Faça o que tem que ser feito nas condições que você pode.

Sinta-se um empreendedor mesmo que seu negócio seja pequeno

Quando me convidaram para participar deste livro e falar um pouco sobre minha trajetória, as primeiras perguntas que fiz foram: "Eu? Logo eu? Mas por que eu?". E aquela síndrome do "não sou uma referência para isso", conforme já disse no decorrer destas páginas, veio de novo. Fiquei me questionando sobre o porquê haviam feito esse convite a mim, com tantas pessoas empreendendo e tendo muito sucesso por aí. E eu, que ainda estou a passos lentos, qual referência seria?

Comecei a refletir e, por várias vezes, deixei o medo falar mais alto e pensei em negar o convite. Não me achava digna de estar aqui. Talvez quando meu negócio crescesse e eu já fosse bem reconhecida, ou talvez quando me sentisse mais preparada. Ou, ou, ou... E, mais uma vez, fiquei buscando desculpas, até que lembrei que há momentos que não voltam e oportunidades únicas que Deus nos dá. Eu não podia deixar essa oportunidade passar.

Então, disse sim. E Para escrever cada linha, realmente precisava me sentir uma empreendedora, por menor que seja meu negócio. Mesmo que ainda esteja pequeno perto das grandes referências de mercado que tenho, é o meu negócio, eu criei e estou transformando vidas, é isso que importa.

Por isso, você que está pensando em desistir porque se acha pequeno ou acredita não ter recursos para crescer, quero dizer que também ainda me sinto assim e que meu negócio está a passos lentos, e talvez seja um grão de areia perto das referências grandes que temos na mídia. Mas estou aqui, escrevendo e levando meu conhecimento e minha experiência, fazendo o que mais amo fazer: compartilhar.

Por algum motivo, Deus me deu esta oportunidade. Talvez Ele acredite mais em mim do que eu mesma. E, se Ele acredita em mim, no meu potencial, não vou desperdiçar ou desistir. Entre caminhar lento e parar, prefiro caminhar lento. É a constância que traz resultados. Então, não pare, aprecie sua caminhada, valorize seu trabalho, valorize seu negócio, por menor que ele seja em seu conceito.

A expectativa deve estar em você e não nas pessoas

Quando, enfim, comecei a divulgar meu trabalho, criei uma expectativa muito grande em começar ajudando os mais próximos. Falava sobre educação e planejamento financeiro com tanto entusiasmo, mas nem sempre a troca era recíproca. Talvez as pessoas não me vissem ainda como uma autoridade no assunto. Eu até entendo, porque quanto maior a intimidade, maior o bloqueio. Era mais fácil converter alguém de fora que alguém de perto.

Foi então que entendi que o meu principal cliente era eu mesma. Eu era a prova viva de que o que ensinava dava certo. Então, o primeiro passo para que as pessoas acreditem no seu trabalho é que você seja o modelo da sua vitrine. Você não precisa caminhar sozinho, é necessário ter pessoas que o apoiam. Todos temos que contar com a ajuda de alguém, pois sozinhos a caminhada fica entediante.

Aqui tenho o melhor cliente e vendedor do mundo, meu esposo. Por muitas vezes, ele não me deixou desistir. Mantenha por perto pessoas assim, que lhe movem. Mas se lembre de que as pessoas não precisam ter expectativas sobre você, você precisa. Comece com os recursos que você tem, dê o seu melhor, tenha paciência para ver as coisas acontecendo, confie seus planos a Deus e aprecie a caminhada. Há muito mais prazer no construir do que na chegada em si.

"

Quando o momento
certo parece não chegar,
cabe a você criar.

Priscila Toledo

Rodrigo Felicissimo

Sou empresário e escritor, especialista em redes sociais e criador do canal "Passo a Passo Empreendedor" (PAPE), no YouTube, com mais de 560 mil seguidores. Por meio do "PAPE", inspiro milhares de empreendedores que têm acesso à educação empreendedora com conteúdo sobre administração, economia, motivação e inspiração.

Sou autor dos livros P**orque a escola não nos prepara para o mundo real**, **Marketing Digital para pequenas empresas**, **Instamestre**, O homem que virou o jogo e Os mitos que te impedem de empreender. Além disso, sou diretor de comunicação do Instituto de Formação de Líderes de Belo Horizonte. Meu perfil público pode ser encontrado conjuntamente nas redes sociais do "Passo a Passo Empreendedor".

passoapassoempreendedor

Passo a Passo Empreendedor

passoapassoempreendedor

Passo a Passo Empreendedor

COMO COLETAR INFORMAÇÕES VALIOSAS PARA O SEU NEGÓCIO

27

Por Rodrigo Felicissimo

Uma das maiores dificuldades dos empreendedores iniciantes é conseguir informações sobre seus negócios e os mercados em que querem atuar. Mas, a boa notícia é que nunca foi tão fácil coletar informações sobre negócios. E não é preciso ter muito dinheiro e nem muito tempo para isso. Tudo o que você precisa é de boa vontade e mente aberta. A começar, porque hoje é possível encontrar livros e artigos gratuitos ou muito baratos na internet.

Charlie Munger, o bilionário sócio da Warren Buffett, o maior investidor do mundo, já escreveu que: "Em livros de 30 dólares estão lições de 30 milhões de dólares" e que os livros foram grandes aliados da sua trajetória bilionária. O fato de você ter este livro em mãos, por si só, já é um grande avanço. Mas além de ler, é preciso aplicar.

Pense que o aprendizado na vida de um empreendedor tem que ser como manejar um caiaque, você precisa remar de um lado e depois de outro, ou seja, aprender e aplicar (essa é a teoria do caiaque, difundida por um investidor e influenciador brasileiro, chamado Hulisses Dias). E assim é a aquisição de conhecimento na vida empreendedora: é preciso aprender e aplicar o quanto antes.

Primeiro, porque o conhecimento apenas absorvido por meio da leitura ou da observação é importante, mas é apenas parte do processo de aprendizagem. Para aprender efetivamente algo, é preciso colocá-lo em prática. E, sem a prática, o conhecimento fica incompleto. Assim, você verá que há uma grande diferença entre a teoria e a prática. E quanto mais você aplicar, melhor serão os seus resultados.

Por sorte, além da literatura, existem outras formas de aprender e de procurar informações. E, o melhor, grande parte delas é totalmente gratuita. Hoje existem recursos tecnológicos fantásticos, como o Chat GPT e outras inteligências artificiais semelhantes. Por meio delas, você pode pesquisar e ter as respostas para as suas dúvidas sobre o mercado e seu negócio, desde as mais triviais até as mais complexas.

Mas, lembre-se: apesar de as ferramentas serem extremamente completas, elas somente respondem àquilo que é perguntado, caberá a você fazer as perguntas certas para conseguir as respostas que precisa. Guarde este ensinamento: o empreendedor de sucesso não é aquele que sabe de tudo e tem todas as respostas, mas é aquele que sabe fazer as perguntas certas.

Falando de tecnologia, existe também a rede que mais me ajudou: o YouTube. Lembre-se de que o YouTube é o segundo maior motor de buscas do mundo, somente atrás do Google. Por lá, você encontra uma série de vídeos gratuitos que descrevem tudo sobre negócios e comentários sobre vários mercados, além de informações sobre o que os clientes gostam e o que eles não gostam. Assim, é possível conhecer com detalhes como funcionam determinadas indústrias, quais são os processos envolvidos, o que as pessoas querem/precisam e o que o mercado ainda não atendeu.

E lá você também encontra o canal "Passo a Passo Empreendedor", com uma série de exemplos e técnicas de negócios sobre os mais diversos mercados do mundo. E o que está no YouTube pode ser assistido em seu dispositivo móvel, em quase qualquer hora e qualquer lugar. Ou seja, não há desculpa para não adquirir conhecimento. Ele está abundante e, na maioria das vezes, totalmente de graça.

Outra ferramenta gratuita e on-line é o Google. Mas não apenas como motor de buscas, também com a ferramenta Trends. Através do Google Trends, é possível observar quais são os termos mais pesquisados na internet e ver o volume de pesquisas sobre o mercado em que você quer atuar e o produto que você quer vender. Essa é uma excelente maneira de identificar se há de fato um grande número de consumidores para o seu futuro negócio, ou se sua ideia se trata apenas de uma percepção equivocada sobre o mercado.

Além disso, é possível pesquisar quais são os termos relacionados ao seu mercado que estão sendo pesquisados na internet e se, de fato, há uma demanda relevante para o produto ou serviço que você deseja empreender. Lembre-se, onde há tráfego de pessoas, há dinheiro. E quanto maior for o tráfego, maiores são as oportunidades de ganho. Da mesma forma, se não houver um número relevante de pesquisas sobre o mercado que você está pesquisando, pode ser que, na verdade, aquela sua ideia de negócio não seja tão boa assim, ou simplesmente, que não seja desejada pelo mercado.

Outra forma praticamente gratuita é a observação. Observe o mercado em que você quer atuar. E, sempre que possível, obtenha informações direto da fonte. Se você quer aprender sobre restaurantes, vá até um. Assista a tudo o que lá acontece, com olhos de um dono de negócio. Veja em que o dono realmente ganha dinheiro, em que ele perde dinheiro e em que ele poderia ganhar mais dinheiro e está deixando a oportunidade passar.

Vários negócios deram muito certo simplesmente porque o empreendedor testemunhou que havia uma oportunidade de negócios dentro do negócio em que ele já trabalhava e, às vezes, em situações nas quais o antigo patrão foi alertado, mas que não aceitou a sugestão.

A empresa de tecnologia SAP, uma das maiores do mundo, que tem como clientes empresas que movimentam quase todo o PIB mundial, começou depois que alguns empregados da filial alemã da IBM alertaram a empresa de que havia uma oportunidade no mercado de *softwares* corporativos. A IBM não aceitou, então, esses empregados decidiram criar a SAP por conta própria. E o resto é história.

Não é preciso estar em um país de primeiro mundo para ver situações semelhantes. Aqui no Brasil, Flávio Augusto da Silva alertou o antigo patrão para a possibilidade de oferecer aulas de inglês para adultos, com foco exclusivamente profissional. Mas, o antigo patrão preferiu focar no ensino tradicional de inglês. Dessa negativa, Flávio fundou a Wise UP em 1995.

Veja que, em todas as situações, funcionários de uma área específica olharam o todo do mercado e perceberam que havia diversas oportunidades para serem exploradas. É verdade que, em todos esses exemplos, falamos de pessoas que já trabalhavam na área em que empreenderam. Esse pode ser o seu caso, mas, se não for, o princípio é o mesmo.

Observe com os olhos de um empreendedor e não de um consumidor. Compre o produto do mercado em que você quer entrar. Sinta, avalie e se lembre: faça a si mesmo as melhores perguntas: como é possível melhorar este produto? Como é possível melhorar este mercado? Como é possível fazer melhor e mais barato?

Dentro do estudo e da observação, uma prática muito interessante é o chamado *benchmarking*, que é o estudo das melhores práticas do mercado. E Assim você pode verificar quais práticas dão certo e quais não dão certo em um determinado seguimento. Veja quais são os líderes do mercado em que você quer atuar, veja o que eles fazem de positivo, o que fazem em comum e também o que poderiam melhorar. Dessa forma, você terá respostas valiosas que podem ajudar o seu negócio.

Esse estudo vale não só para empresas do seu mercado, como também de outros seguimentos. Por exemplo, a Ambev se tornou a maior cervejaria do mundo ao replicar práticas do banco Goldman Sachs, duas atividades bem diferentes. E Ao final, independentemente de onde e do que você procura, tudo começa pelos questionamentos: o que é bom? O que é ruim? O que pode melhorar? Por que ainda não foi melhorado?

Lembre-se mais uma vez: tudo se trata de fazer as melhores perguntas. Seja para si mesmo, seja para o Chat GPT, seja para outros empreendedores. Procure donos de negócios, pergunte a eles sobre os desafios que têm e sobre os problemas que enfrentam. Você vai ver que essencialmente todo negócio é muito semelhante.

Muitas vezes, ao conversar com empresários de um ramo, você vai ver que eles têm reclamações semelhantes e que existe um grande problema que ainda não foi resolvido ou que ninguém ainda tentou resolveu. E pode ser aí que você encontre uma oportunidade de negócios até melhor do que imaginava. Mas lembre-se: vence quem sabe fazer as melhores perguntas.

Outra alternativa interessante para conseguir informações sobre o mercado é por meio de serviços/atividades de pesquisas. Você pode entrevistar possíveis clientes, ou até mesmo sair na rua com papel e caneta para perguntar às pessoas comuns o que elas acham sobre determinado mercado ou produto e o que gostariam que fosse diferente.

Outra maneira, mas que envolve dinheiro, é a contratação de uma consultoria que possa fazer uma pesquisa de mercado para você. Esses serviços não são baratos, mas são muito valiosos e podem indicar que o mercado em que você quer atuar é muito maior do que imagina. Usando o Flávio Augusto de exemplo mais uma vez, antes de investir em um time de futebol nos Estados Unidos, ele encomendou uma pesquisa de mercado. E o resultado mostrou que a oportunidade era muito maior do que ele imaginava. Dessa forma, ele adquiriu o Orlando City Soccer Clu*b* e o vendeu anos depois por um valor bem maior do que o investido.

Mais uma boa maneira é perguntar aos seus clientes o que eles realmente querem. Pergunte, observe e analise. O Instagram começou como uma ferramenta de geolocalização, com um sistema de fotos com filtros de edição. No início, os usuários desprezavam a geolocalização e usavam apenas os filtros para suas fotos. E foi a partir desse comportamento, que o aplicativo, que até então se chamava Burbn, tornou-se uma rede social de fotos instantâneas, transformando-se no Instagram.

Ou seja, pode ser que a pesquisa seja feita com quem já esteja junto de você e que eles deem uma resposta que pode ser diferente, maior ou melhor do que aquilo que esperava no início. E o mesmo vale para amigos e familiares. Lembre-se: tudo é uma questão de observação e de fazer as perguntas certas a si mesmo e aos outros, seja a pessoas ou a inteligências artificiais. O importante é ter disposição para ir atrás do conhecimento, e um pouco de criatividade e cara de pau para ir atrás das respostas para as suas perguntas. Então, não fique de braços cruzados. Comece já!

"

O empreendedor de sucesso não é aquele que sabe de tudo e tem todas as respostas, mas aquele que sabe fazer as perguntas certas.

Rodrigo Felicissimo

Rodrigo Mendanha

Sou nutricionista, palestrante, mentor de nutricionistas, pesquisador em Saúde Holística pioneiro da Nutrição Holística no Brasil, criador dessa metodologia única e inédita que já transformou a saúde de milhares de pacientes pelo Brasil e mundo e criador da mentoria Nutri *High ticket*, *founder* e líder do único movimento de nutricionistas do mundo, que estão unidos para transformar a história da nutrição, chamado Movimento Nutri Exponencial.

Minha missão é ser agente da transformação dos meus pacientes por meio do método da Nutrição Holística e ativar os nutricionistas comprometidos e engajados para aprenderem a realmente enxergar o ser humano como um todo e, por meio disso, diferenciar-se encantando os clientes pela excelência e entregando resultados sólidos que os levarão a uma transformação verdadeira em todas as áreas da vida. Somos um só! Nos vemos no topo!

rodrigomendanhamentoria

rodrigomendanhanutricao@gmail.com

nutriexponencial.com.br

COMO ATRAIR CLIENTES *HIGH TICKET* PARA SEU NEGÓCIO

28

Por Rodrigo Mendanha

Quando se trata de alcançar o real sucesso nos negócios, há um princípio fundamental que muitos empreendedores desconhecem: a verdadeira valorização do seu trabalho e *expertise*. Enquanto muitos lutam para sobreviver no mercado, jogando o jogo do preço, há um grupo selecionado que domina o jogo do *high ticket*, em que serviços e produtos são oferecidos a preços mais elevados do que na linha média, mas, ao mesmo tempo, a entrega deles tem o foco de gerar uma experiência inesquecível, acompanhada de resultados extraordinários.

Neste capítulo, mergulharemos nas profundezas do mercado *high ticket*, e será revelado como você, empresário(a) visionário(a), pode se posicionar estrategicamente e cobrar valores significativamente mais altos pelo que tem a oferecer, podendo construir um grupo seleto de clientes que estão dispostos a pagar mais pelo seu serviço/produto, pois a sua entrega é incomparável à do mercado, o que gera um efeito dominó positivo de que os clientes estão extremamente satisfeitos com toda a jornada oferecida.

Imagine, por um momento, estar em uma posição na qual o valor que você entrega é genuinamente reconhecido e apreciado, um lugar onde você se diferencia e se destaca da concorrência, não apenas pela qualidade dos seus produtos e serviços, mas também pela transformação profunda que proporciona aos seus clientes, independente da área de atuação e segmentação.

Esse é o poder do mercado *high ticket*, sair do oceano vermelho, onde muitos disputam uma área, e navegar no oceano azul de possibilidades, com clientes que são qualificados, mas, principalmente, que realmente valorizam o seu trabalho, seus diferenciais e sua entrega como um todo. No mercado *high ticket*, o foco não está apenas no preço, mas em oferecer alto valor em toda jornada do cliente, impactando diretamente na geração de uma experiência exclusiva e promovendo resultados excepcionais.

Nesse sentido, a demanda e o desejo por seus serviços e produtos são impulsionados pelo valor percebido, pela confiança transmitida e, dentre outros fatores, pela promessa de uma transformação profunda na vida daqueles que investem em você. É de suma importância e relevância prática entender que o cliente *high ticket,* de forma geral, não é necessariamente aquele que possui um alto poder aquisitivo, mas, na verdade, é aquele que está disposto a fazer um investimento financeiro maior para receber algo que só você entrega com exclusividade e ninguém mais faz igual. Isso é puro encantamento e geração de valor.

Anote e instale na sua mente a palavra "exclusividade". Esse tipo de cliente não está buscando um profissional custo-benefício, que atende um alto volume de pessoa e não consegue dar atenção a todos, mas está à procura de um profissional que seja exclusivo, que ofereça diferenciais únicos e que entregue resultados reais.

Mas como você pode se inserir e dar os primeiros passos para entrar nesse mercado altamente lucrativo? É preciso mais do que simplesmente elevar os preços, a sua percepção de valor precisa ser alinhada de forma coerente. É necessário construir uma autoridade sólida, comunicar seu valor de forma autêntica e entregar resultados tangíveis. Vamos explorar algumas estratégias poderosas que o ajudarão a dar os primeiros passos rumo a resultados escaláveis no mercado *high ticket*.

Primeiramente, é fundamental compreender que o *high ticket* não é para todos. É um mercado exigente, reservado para aqueles que se destacam em suas áreas de atuação, que são verdadeiros especialistas no que fazem e que têm plena confiança na entrega de resultados. Esse mercado não é para amadores. Portanto, é essencial que você invista em seu aprimoramento profissional e busque constantemente a excelência em seu campo de atuação. Além disso, construa o seu método personalizado, pois, enquanto você faz mais do mesmo, não se destaca e não pode cobrar mais.

Torne-se referência por meio da sua essência e da sua verdade, comunique a sua mensagem com originalidade, faça *networking* com quem joga um jogo acima do seu e esteja sempre à frente das tendências e das inovações que podem ser feitas no seu mercado.

E, o principal, como você pode se posicionar de forma estratégica e impactante? Uma das estratégias mais eficazes para se posicionar no mercado *high ticket* é criar uma marca pessoal sólida, construir um *branding* forte e poderoso. Torne-se um líder que compartilha sabedoria, soluções e métodos, e estabeleça uma conexão emocional com seu público-alvo.

Mostre-se como alguém que tem uma visão única e aplique na prática sua abordagem diferenciada para resolver os problemas que seus clientes enfrentam. Ao construir sua marca pessoal, você se torna um referencial de confiança e autoridade, e isso abre portas para cobrar preços mais elevados e ter a credibilidade de clientes encantados, realizados e que lhe indicam espontaneamente.

Outro aspecto crucial para o sucesso no mercado *high ticket* é a construção de relacionamentos sólidos e duradouros com seus clientes. Os sábios são aqueles que se dedicam com lealdade a desenvolverem relacionamentos verdadeiros, vínculos afetivos de confiança plena, pois esse é o caminho para ter sempre por perto aqueles que contribuem para um infinito ciclo de crescimento.

Quando você oferece um serviço ou produto de alto valor, a confiança se torna um fator primordial, o cliente não somente cobra mais, como seu posicionamento em todas as esferas é de alto valor, ou seja, isso significa que a honestidade e a lealdade caminham juntas para que a confiança seja mútua. Invista tempo em conhecer profundamente seus clientes, suas necessidades, dores, desejos e dúvidas. Esse é literalmente o caminho das pedras para criar serviços e produtos que encantam, que transformam e que fidelizam.

Ofereça um atendimento personalizado, esteja disponível para ouvi-los e alinhe sempre as expectativas. Essa conexão genuína é o que diferencia um negócio *high ticket* de um simples prestador de serviços ou criador de produtos, relacionamento transparente é uma das chaves mais poderosas nesse cenário.

No mercado *high ticket*, o valor está na experiência memorável e na transformação que você proporciona aos seus clientes. Ao dominar sua *expertise* e se posicionar como um líder em sua área, você poderá cobrar valores mais altos, pois sua capacidade de solucionar grandes problemas e gerar resultados comprovados falará por si mesmo.

Imagine, hipoteticamente, na história de sucesso de Elizabeth, uma renomada nutricionista, que exemplifica o poder do mercado *high ticket*. Com sua experiência e habilidades únicas, ela decidiu abandonar o modelo tradicional de consultas avulsas na nutrição e se aventurar no mundo do *high ticket*. Ao criar um programa exclusivo de acompanhamento e *mentoring* para empreendedoras de sua cidade, ela se posicionou como uma especialista de alto nível e passou a cobrar valores substancialmente mais altos, com uma entrega que estava sendo motivo de sucesso em toda região. A demanda por seus serviços aumentou significativamente, e ela pôde oferecer uma atenção personalizada e resultados extraordinários para seus clientes, além de alcançar um patamar de renda que jamais poderia imaginar.

No entanto, o mercado *high ticket* também traz consigo desafios e responsabilidades. É preciso estar preparado para entregar um alto valor agregado em cada interação com o cliente, proporcionar experiências memoráveis e garantir resultados além das expectativas. A excelência é a chave para sustentar seu sucesso a longo prazo. Por isso, eu sempre digo: "Excelência é uma decisão, você não precisa de perfeição, porque é ilusão, decida ser excelente em tudo que colocar suas mãos."

Portanto, mergulhar de cabeça no mundo do *high ticket* é buscar desenvolver sua *expertise*, construir uma marca pessoal forte, estabelecer relacionamentos de confiança e oferecer uma experiência única e transformadora. Com determinação, dedicação, disciplina, planejamento e foco no valor que você pode entregar, não há limites para o que você pode alcançar neste mercado lucrativo e recompensador. O sucesso está ao seu alcance, e o mercado *high ticket* é o caminho para uma nova dimensão de prosperidade e realização pessoal e profissional. O futuro é hoje!

Permita-se abraçar o desafio de se aprofundar e se destacar no mercado *high ticket*. Lembre-se de que seu conhecimento, experiência e capacidade de fornecer resultados excepcionais são valiosos. Invista em si mesmo(a), aprimore suas habilidades e crie uma marca pessoal que seja sinônimo de excelência. Ao fazer isso, você se posicionará como um(a) líder em seu setor e estará pronto(a) para conquistar os benefícios financeiros e profissionais que o mercado *high ticket* tem a oferecer.

Aproveite esta jornada empolgante rumo ao seu sucesso e à realização de seus objetivos, você é merecedor(a). Repito, o sucesso está ao seu alcance, e o mercado *high ticket* é o caminho para uma nova dimensão de prosperidade, realização pessoal e profissional, e o mais importante, a construção de um legado verdadeiro para as futuras gerações. Somos um só, nos vemos no topo!

"

O jogo da vida real é investir no legado que queremos deixar na terra, o tempo é vida, e o futuro é hoje.

Rodrigo Mendanha

Silmara Marin Mendes

Sou Silmara Aparecida Marin Mendes, natural e residente de Fernandópolis, São Paulo, com a minha amada família: meu esposo Cristóvão Mendes, com quem sou casada há 26 anos, nossos dois filhos, Leticia, médica, e Leonardo, bacharel em Direito e sucessor na nossa empresa.

Cursei Letras e Direito, sou mentora, escritora, empreendedora e trabalhei na empresa familiar por mais de 23 anos, no cargo financeiro e de conhecimento geral do negócio. Aprendi cedo que as coisas não são fáceis, mas que, quando se tem um sonho e se dedica a ele, tudo é muito mais prazeroso.

A minha história de sucesso não foi sempre assim. Superei e ainda enfrento muitos desafios. Provei que é possível mudar a própria vida por meio do autoconhecimento, estudo incessante, *networking* e um desejo ardente de ajudar pessoas a se desenvolverem e a evoluírem em todas as áreas da vida.

+55 (17) 99775-1040

silma.ra@hotmail.com

COMO CRIAR IDENTIDADE PARA O SEU NEGÓCIO

29

Por Silmara Marin Mendes

Ser dono do próprio negócio é o segundo maior sonho dos brasileiros, de acordo com uma pesquisa realizada pelo Sebrae. O mais interessante é que esse recente resultado do ano de 2022 foi recorde comparado ao histórico de pesquisa realizada em 23 anos consecutivos. Isso nos revela claramente que o interesse em ter uma empresa no Brasil só vem aumentando e que novos negócios vão surgir dia após dia no cenário brasileiro.

O lado bom é que vamos ter mais soluções sendo geradas para a população, e a competição entre os concorrentes forçará os empreendedores a melhorem suas entregas. Por outro lado, uma estatística preocupante de outra pesquisa, também realizada pelo Sebrae, é que a taxa de fechamento dos negócios ainda é grande. Cerca de 30,2% dos comerciantes quebram suas empresas em menos de 5 anos. Esse número varia de setor para setor, mas, ainda assim, é algo sobre o precisamos refletir.

Neste capítulo, vamos entender o que faz um negócio ser sólido e lucrativo a longo prazo e como podemos ter sucesso no mundo dos negócios, entendendo o contexto geral das pessoas que começam a empreender no Brasil e quebram em menos de 5 anos, sendo que 59% das empresas foram criadas por pessoas que anteriormente estavam desempregadas.

Mais de 40% desses empreendedores eram funcionários de empresas privadas que abandonaram a CLT antes de abrir o próprio negócio. Outros 37% eram autônomos sem empresa constituída. A maior proporção é das pessoas que abriram suas empresas foi por necessidade. Sendo assim, fica claro que abrir uma empresa sem o conhecimento e a capacitação técnica necessários é arriscado e pode gerar sérios prejuízos.

Muitos não consegue se reerguerem após fracassarem pela primeira vez. Em parte, pela falta de recursos financeiros após o investimento sem retorno, em parte, pela desistência ao acreditarem que empreender não é para eles. Sem contar que algumas dessas pessoas acumulam dívidas que tiram a paz e a estabilidade familiar. Com pouco ou nenhum incentivo do governo e com o baixíssimo nível educacional sobre empreendedorismo nas escolas e faculdades, é admirável o empresário que consegue ter sucesso no Brasil.

Vamos entender agora um dos aspectos mais importantes para uma empresa ser sólida, lucrativa e sustentável a longo prazo. Todo negócio bem-sucedido tem um elemento forte que define sua marca, comunicando-se para os clientes internos (seus colaboradores), clientes externos (consumidores) e para a sociedade. Esse fator norteia suas tomadas de decisão, seu posicionamento e sua forma de agir e perpetua sua existência no mercado. Estou falando da identidade do negócio. Para entendermos a identidade do negócio, precisamos refletir sobre a identidade individual do empreendedor.

Nossa vida é moldada por tudo aquilo que vivenciamos. As influências que tivemos dos nossos pais, nossa criação, educação, classe social, ambientes que frequentamos, amizades e cultura. Esse conjunto de experiências adquiridas somadas a nossa personalidade inata faz parte da nossa construção pessoal e define a forma como pensamos e agimos.

Cada um de nós nasce com talentos, dons e interesses naturais. São predisposições que temos em relação a determinadas habilidades e assuntos. Saber disso já é o ponto de partida para entendermos quem somos de fato. Falar sobre identidade nos negócios não é diferente, pois também levamos em conta um conjunto de atributos que torna uma empresa única e autêntica.

Inevitavelmente, quando construímos nosso negócio, levamos conosco nosso jeito de pensar, nossos hábitos, aquilo que valorizamos, aquilo que não suportamos e a forma como interagimos com o mundo. Ou seja, suas características pessoais influenciam o seu negócio, você queira ou não. Dessa forma, podemos considerar que as empresas acabam tendo a "cara do dono".

Se uma pessoa é acostumada com a bagunça em seu ambiente doméstico, ela pode também não se importar com a organização do seu ambiente de trabalho. Se uma pessoa não trata bem as outras pessoas no seu dia a dia, sempre está mal-humorada e dá respostas ríspidas, muito provavelmente, seu atendimento não será muito diferente disso ou, no mínimo, ela terá que se esforçar muito para ter um atendimento de excelência, uma vez que não é sua forma natural de agir.

Por outro lado, uma pessoa atenciosa, carismática, empática e caprichosa em tudo que faz, sem sombra de dúvidas, levará todas essas virtudes para seu negócio também, e isso impactará diretamente na forma como é vista pelo mercado. Uma célebre frase, atribuída ao autor do *best-seller* **Os segredos da mente milionária**, de T. Harv Eker, diz: "A forma como você faz uma coisa, você faz todas as outras." Ou seja: você se leva para aonde for.

Sendo assim, antes de apresentar os passos práticos sobre a construção de identidade do seu negócio, quero fazer você refletir sobre algumas questões:

1 - Como você costuma tratar as pessoas no seu dia a dia?

2 - Você é responsável com seus compromissos e está em dia com as suas pendências?

2 - Quão forte e resiliente você é diante dos desafios?

3 - Quanto ágil você é para atender as necessidades e demandas que surgem?

4 - Você costuma fazer as coisas com capricho e ir até o fim, ou deixa tarefas pela metade?

5 - Como você quer ser lembrado depois de partir?

Consegue perceber como todas as respostas impactam diretamente em seu negócio e sua identidade como empreendedor? Agora que você já entendeu que a empresa costuma ser a cara do dono e que suas características pessoais, valores e crenças serão partes inerentes ao seu negócio, vamos compreender alguns pontos cruciais para o sucesso.

Primeiramente, destacarei a identidade visual do negócio, que é, sem dúvidas, um aspecto primordial na comunicação. Quando vemos uma marca relevante no mercado, você pode ter certeza de que toda sua identidade visual foi pensada milimétricamente de acordo com a proposta do negócio. Desde a tipografia da logomarca, o nome, a paleta de cores, as publicações em redes sociais e a forma de interagir com os clientes.

Em termos visuais, cada cor tem uma representatividade e um significado inconsciente para os clientes. Esses conceitos farão você pensar melhor nas escolhas da sua comunicação visual. Com o advento das redes sociais e o inevitável uso da internet para o crescimento dos nossos negócios, devemos também pensar na maneira como somos percebidos pela audiência.

Por mais delicado que esse tema possa parecer, eu penso que devemos cuidar de tudo que exibimos nas redes. Como tudo comunica o tempo todo, proteger sua credibilidade e o que você expõe é o fundamental. Devemos entender que, independentemente do número de seguidores que temos, nós influenciamos diariamente as pessoas. Não digo que precisamos fingir que somos perfeitos ou que não temos dias ruins, somente temos que ter bom senso com o que e como vamos expor nas mídias, pois aquilo que acontece na nossa vida pessoal, também se reflete em nosso negócio.

Sobre nossos clientes, devemos nos conscientizar de que eles são os motivos dos quais o nosso negócio existe. Sendo assim, nossa responsabilidade é entender ao máximo quais são suas características, dados demográficos, valores pessoais, dores e objetivos. Dessa forma, vamos conseguir ser relevantes e úteis a longo prazo. Por isso, estude bem seu público-alvo, faça pesquisas com os clientes e entenda verdadeiramente suas necessidades.

Sobre o atendimento aos consumidores, independentemente do setor, ter delicadeza, gentileza, boa comunicação, empatia, agilidade e conhecimento profundo dos produtos que irá comercializar é o que fará seu negócio perpetuar. Você fidelizará seus clientes para que eles continuem comprando e recomendando aquilo que oferece.

Também, pensar na comunicação visual, tipografia da logomarca, escolha das cores, comunicação em redes sociais, aparência do seu estabelecimento e trato com os clientes é fundamental, mas nada disso dará resultado se não pensar no lado de dentro. Uma empresa só cresce se ela for composta por pessoas comprometidas e competentes.

Pensar no bem-estar de quem está junto de nós nessa empreitada e no trato diário também revela a identidade do nosso negócio. De que adianta ser bom do lado externo, em termos de aparência e no atendimento aos clientes, se, com nossos primeiros clientes, que são os internos (nossos colaboradores), a relação está péssima?

Acredito que, primeiro devemos encantar quem trabalha conosco, para só então, consequentemente, encantar o mercado. Para isso, nada melhor do que alinharmos as expectativas e selecionarmos somente pessoas que estejam conectadas com os 3 pilares que norteiam o negócio: sua visão, sua missão e seus valores.

A visão é para onde você quer ir, o lugar desejado, o resultado que pretende atingir como líder. É para lá que você deve apontar e fazer com que todos compactuem com a mesma visão.

Sua missão é a forma como você vai chegar lá, o meio pelo qual se tornará possível alcançar esse objetivo. Ou seja, como irá solucionar o problema que você se propôs a resolver na sociedade.

E os valores são atributos de que você não abre mão. Ou seja, o comportamento empírico daquilo que você preza de fato. Por exemplo: educação, boa convivência, excelência no atendimento e por aí vai.

Tendo essa clareza, seu propósito como empreendedor se fortalecerá, pois você saberá com assertividade onde quer chegar, quem atender, quais soluções gerar, quem escolher para estar com você e como conduzir e executar seu trabalho. Com esta breve e prazerosa contribuição que tive a honra de compartilhar nesta obra, espero que tenha clarificado aos leitores a minha visão sobre a identidade de um negócio. Ao começar ou continuar as atividades do seu negócio, não se esqueça: você se leva para aonde for.

"

O sucesso é uma longa jornada que devemos ficar atentos aos detalhes. Ninguém tropeça em montanhas, mas sim nas pequenas pedras pelo caminho.

Silmara Marin Mendes

Yasmin de Paula

Sou Yasmin de Paula, nasci em Santos, São Paulo, uma caiçara com raízes interioranas. Estudei Publicidade e Propaganda em Goiânia, Goiás, trabalhei no marketing da Coca-Cola e em outras agências de marketing e *branding*, aprendi e evoluí muito profissionalmente. Há 10 anos, voltei para o estado de São Paulo e resolvi empreender, iniciando no interior, em Águas de Lindóia, cidade da minha família. Desde então, abri diversas empresas que me fizeram ter um *know how* e um excelente *network* entre empresários.

Atualmente, moro e empreendo no litoral norte de São Paulo, mais especificamente em Riviera de São Lourenço. Tenho 3 empresas, sendo uma de eventos infantis, a outra é um parquinho no Riviera Shopping e também uma agência de marketing. Sou uma sagitariana apaixonada pelo empreendedorismo, e hoje levo minha experiência para o digital.

yasmindepaula.oficial

+55 (19)99965-7465

yasmin.comunica@gmail.com

UM MARKETING DIGITAL DE SUCESSO

30

Por Yasmin de Paula

A minha história não foi sempre um sucesso. Eu já fali, já desisti e já me arrependi, superei grandes desafios e provei que é possível mudar o rumo da história por meio dos aprendizados com os tombos. A evolução pessoal também fez parte desse processo: o autoconhecimento, o autocuidado e a fé mudaram minha forma de ver a vida, e foi daí que veio um desejo ardente de ajudar pessoas a se desenvolverem e evoluírem como eu.

Como sou da área do marketing, por que não ajudar as pessoas com o meu conhecimento? Entrei para o digital e me posicionei como empresária e mentora de marketing digital. Criar uma reputação on-line é essencial para promover uma marca/empresa e conseguir mais compradores em potencial. No meu caso, a marca era eu, e os compradores eram os consumidores de conteúdos relacionados ao marketing empresarial e marketing digital.

Hoje em dia, se você não está inserido no digital, ou até está, mas está apenas fazendo postagens sem foco e estratégia, está deixando de ganhar muito mais que poderia, então decidi mudar esse cenário na minha vida e mudar também o cenário das outras pessoas.

Hoje, temos uma nova forma de comunicação no mundo digital, o marketing de influência social, que traz as múltiplas possibilidades do relacionamento humano e comunicação verbal e não-verbal. Cada vez mais, o mundo digital traz novas formas de mostrar seus conteúdos para que os novos consumidores se conectem com as marcas ou pessoas. Então, para você se conectar com o seu público-alvo, esteja sempre antenado em como vai chegar até ele.

Cada perfil constrói sua identidade visual, sua forma de influenciar e de vender seu produto/serviço. Ainda hoje, marcas ainda erram no relacionamento com o consumidor nas redes sociais, fazendo estas de vitrine e as deixando pouco humanizadas. Dessa forma, o seu público não se conecta com a sua marca e a sua venda demora muito mais para acontecer.

O *storytelling* é uma habilidade persuasiva de venda em mídias sociais. Ele faz parte dessa nova forma de comunicação e gera interesse nos consumidores pela forma de abordagem de um determinado produto, ou seja, a forma de contar histórias sobre a vida e a origem daquele produto, também contar curiosidades e fazer tutoriais. Sabe o porquê disso? A nova comunicação social, hoje, se transformou em comunicação de busca. A cada segundo, buscamos um novo assunto, um determinado posicionamento, um novo produto para desejar; e a cada busca, nós temos uma nova conexão, algo ou alguém com quem nos identificamos.

Para conseguir chamar a atenção do seu público-alvo, fazer com que ele chegue até seu perfil, mostrar autoridade e passar credibilidade, fazer com que ele ache seu conteúdo interessante diariamente e despertar o desejo de compra, você precisa usar as estratégias certas.

Foi por isso que criei um método para utilizar na estratégia de construção de um marketing digital de sucesso. Analisando pelo método ACIM, vamos usar suas 4 estratégias, que são: atenção, credibilidade, interesse e monetização. Nós, consumidores de conteúdos digitais, somos influenciados pelos estímulos visuais, associamos o que vemos a algum benefício próprio.

Seu conteúdo tem que chegar até seu público de alguma forma, e só vai chamar a atenção se você pegar na dor dele. Para isso, você tem que entender muito bem quem é a sua persona, qual sua dor, o que ela busca e como pode ajudá-la. Sabendo quem é a sua persona, você pode fazer um conteúdo focado nela; pense em conteúdos que resolvam a dor dela, que sejam úteis e atrativos. Crie uma publicação com foto sua ou do seu produto/serviço e coloque um título atrativo, nada com muitas informações. Seja simples e objetivo. Feita uma boa publicação, com uma boa foto, um título que atraia e uma legenda muito interessante, para estimular a leitura da sua persona, agora você pode divulgar em sua rede social.

Um conteúdo interessante induz pessoas a clicarem no seu perfil para verem quem você é, então é muito importante ter um perfil de qualidade, bem posicionado, com bons conteúdos, um visual organizado e bem esclarecido, com paletas de cores alinhadas e em harmonia. Você precisa causar uma boa impressão, mostrar autoridade e passar credibilidade aos seus possíveis novos seguidores, só assim eles irão começar a lhe seguir. Um perfil de qualidade tem muito valor. Lembre-se de que você é aquilo que mostra ser.

Saber atrair a atenção das pessoas e fazer com que elas interajam com as suas publicações é muito importante para que o seu conteúdo seja considerado relevante e, assim, seja mais entregue e viralize nas redes sociais. A tecnologia do mundo digital funciona com algoritmos, que entendem que quanto mais o público interage com seu conteúdo, mais interessante ele está e, assim, vai ser mais compartilhado para outras pessoas. O digital também permite que você faça a segmentação de audiência por interesses, gêneros, faixa etária e demográfica, facilitando uma maior precisão para atingir o público certo.

Ter uma presença on-line marcante e forte faz toda a diferença. Ela permite um engajamento ainda maior dos usuários, além de ajudar na própria reputação da marca, podendo influenciar em taxas de conversões ainda maiores. Capriche na qualidade dos conteúdos em todas as plataformas digitais que for usar, seja um *site* ou uma rede social.

Uma dica: não faça da sua página uma vitrine de produtos, não bombardeie sua audiência com anúncios e promoções. Em vez disso, crie tutoriais, escreva artigos informativos, mostre como seu produto pode ser útil, explique como funciona na prática, apareça e deixe mais humanizado. Responda comentários, pergunte, preocupe-se com sua audiência, interaja e crie conexões. Essa é uma das chaves para um marketing digital de sucesso. Lembre-se de que: *pessoas se conectam com pessoas.*

O marketing digital é altamente promissor e ainda economicamente viável, uma estratégia acessível para você escalar seu negócio. Ele facilitou a conexão entre o cliente e a empresa, conseguindo atingir seu público em um simples clique e ter um alcance de audiência bem extenso. Com ele, você também consegue mensurar seus dados para ter *insights* muito valiosos, analisando sua taxa de rejeição e conversão de *leads*, número de visitantes, lucros, e muito mais. Você consegue ter uma ideia melhor de como está o desempenho do seu negócio no digital e também analisar o seu ROI (Retorno sobre Investimento).

Essa análise ajuda você a ficar sempre um passo à frente, já que a chave para um marketing eficiente é saber como interpretar os dados recebidos e implementar mudanças baseadas no que conseguir descobrir. Como o marketing digital é um campo em constante crescimento, as estratégias vão seguir esse mesmo padrão de mudança, mas é muito importante que os objetivos estejam bem definidos e seu posicionamento bem esclarecido, assim fica mais fácil ter sucesso no digital: *mais importante que celebrar o sucesso, é aprender com as lições trazidas pelos erros cometidos*

Considerando que seus clientes em potencial passam um terço do seu tempo on-line em redes sociais, é mais do que vital fazer parte desse meio. Você tem que estar onde seu público está, o famoso "quem não é visto, não é lembrado".

Você pode transformar sua marca no digital na principal fonte de renda, seja você empresa, influenciador, comerciante, prestador de serviço, *coach*, ou alguém que pode transmitir algum aprendizado para outras pessoas (mentor). Para quem quer ganhar dinheiro com publicidade, vendas de produtos, vendas de serviços ou vendas de conhecimento, o digital é o lugar certo para crescer e alavancar suas vendas.

Hoje, a rede social de maior influência é o Instagram, que, além de ter uma maior audiência, permite ter um bom engajamento de marcas pessoais e profissionais, podendo também trabalhar com a comercialização de produtos. Uma ótima ferramenta para quem quer iniciar no digital. São cerca de 2 bilhões de usuários ativos no Instagram em todo o mundo. No Brasil, são mais de 95 milhões de pessoas, o que é quase metade dos brasileiros. Além disso, cada brasileiro passa em média 3 horas por dia nas redes sociais, então, se o seu produto ainda não está vendendo no digital, você está perdendo tempo e dinheiro.

O que você tem que entender é que, se não começar hoje, sua monetização por meio do digital não virá por acaso ou por sorte, e esse tempo que você está perdendo, é dinheiro que está deixando de ganhar. Mas como fazer o Instagram trabalhar para você? O algoritmo foi criado para se adaptar a tudo aquilo que as pessoas passam mais tempo vendo. Então, você pode estruturar um *superpost*, mas, se sua audiência não vir seu conteúdo até o final, o algoritmo vai entender que esse conteúdo não foi interessante. O que é o algoritmo do Instagram? É a inteligência artificial criada para fazer você ficar mais e mais tempo na plataforma.

A monetização através do digital é uma consequência de um trabalho bem-feito. Ela acontece naturalmente depois que você se posicionar no digital e produzir bons conteúdos. Mas, é claro, as pessoas precisam saber que você vende, então, sim, você vai anunciar seu produto, mas se lembre de que o anúncio tem que ser feito de uma forma leve e humanizada. Nós, consumidores, estamos cansados de vendedores maçantes, que só ficam atrás de metas e lucros, então não seja assim, mostre que o seu cliente precisa de você e não você dele: *a venda é consequência de um bom trabalho, então mostre seu valor.*

Eu demorei meses para dar o *start* no digital, planejei demais, pensei demais, queria que fosse tudo perfeito, até que resolvi esquecer um pouco a perfeição e entrar de cabeça. Em menos de 2 meses, o digital já me trouxe reconhecimento e monetização. Percebo que, quanto mais eu me dedico, mais resultado tenho, tanto financeiro como em audiência e reconhecimento. Então, se você realmente quer ter sucesso no digital, faça esse compromisso consigo e se dedique. Os resultados são incrivelmente satisfatórios, valem a pena. E, lá na frente, a conta fecha.

"

Usar a internet como uma ferramenta de trabalho é como abrir as portas para novas oportunidades de crescimento.

Yasmin de Paula